PROF. DR. ANNE-MARIE GRUNDMEIER · EVE ZEYHER-PLÖTZ

Kinderspiele selbst genäht

kinderbuch

Vorwort

Wo begegnen uns textile Spiele in unserer Umwelt? Mit welchen Textilien spielen Kinder heute und was fasziniert sie an textilem Spielzeug? Welche textilen Spiele können selbst entwickelt und gefertigt werden? Diesen Fragen gingen Studierende der Pädagogischen Hochschule Freiburg in mehreren Textilseminaren unter Leitung ihrer Dozentin Eve Zeyher-Plötz nach und kreierten aus überwiegend textilen Materialien Bewegungs- und Geschicklichkeitsspiele, Wettbewerbs- und Pausenhofspiele, Wahrnehmungs- und Kontaktspiele, Lern- und Strategiespiele sowie textile Behausungen und Objekte zum Bauen und Verstecken. Entstanden ist eine bunte Vielfalt an textilen Spielobjekten und Spielen für die Altersklasse der 3- bis 13-Jährigen, die in der Freizeit, in Kindertagesstätten wie auch der Schule einsetzbar sind.

Spielen gilt als eine ureigene Tätigkeit des Menschen. Der emotionale Zugang zu Handlungen und Regeln, die im Spiel freiwillig, aber verbindlich sind, wirkt sich auf die verschiedensten Bereiche der kindlichen Entwicklung förderlich aus. Spielen hat große Bedeutung für die kognitive, soziale und emotionale, motorische und kreative Entwicklung, denn durch das Spiel erschließen sich Kinder ihre Welt. Spiele schaffen eine Atmosphäre, in der Kinder entspannter und dadurch motivierter lernen, wenn sie sich für eine Sache begeistern, entdeckend lernen und Bildungsinhalte als Abenteuer erleben können. Das entspannte Klima des Spiels lässt Selbstständigkeit, Lernen, Kreativität und Erfolgserlebnisse zu. Gewinnen Kinder durch Problemlösen eigene und neue Einsichten, können Selbstvertrauen und tiefe Befriedigung daraus resultieren. Das Spiel eröffnet Kindern darüber hinaus die Chance, neue Verhaltensweisen zu erproben, zukünftige Lebensaufgaben einzuüben und ihre Körperenergie produktiv zu nutzen.

Im spielenden Umgang mit Textilien lernen Kinder deren Materialqualitäten kennen, hantieren mit ihnen und erschließen sich darüber ein Stück weit textile Kultur. Textilien werden nicht nur als Spielgegenstände wahrgenommen, sondern bewegt, ertastet und untersucht, verglichen und bewertet. Auf diese Weise gewinnen Kinder subjektive Einsichten in und Ansichten von textiler Wirklichkeit in Verbindung mit ihrem Vorwissen und eigenen Erfahrungen. Es entsteht eine Verbindung zwischen dem Ich und der textilen Welt. Kinder bewegen sich im textilen Spiel, sie setzen sich mit textilen Objekten auseinander und erschließen sich auf diese Weise die Vielfalt der textilen Kultur.

Anne-Marie Grundmeier und Eve Zeyher-Plötz

INhalt

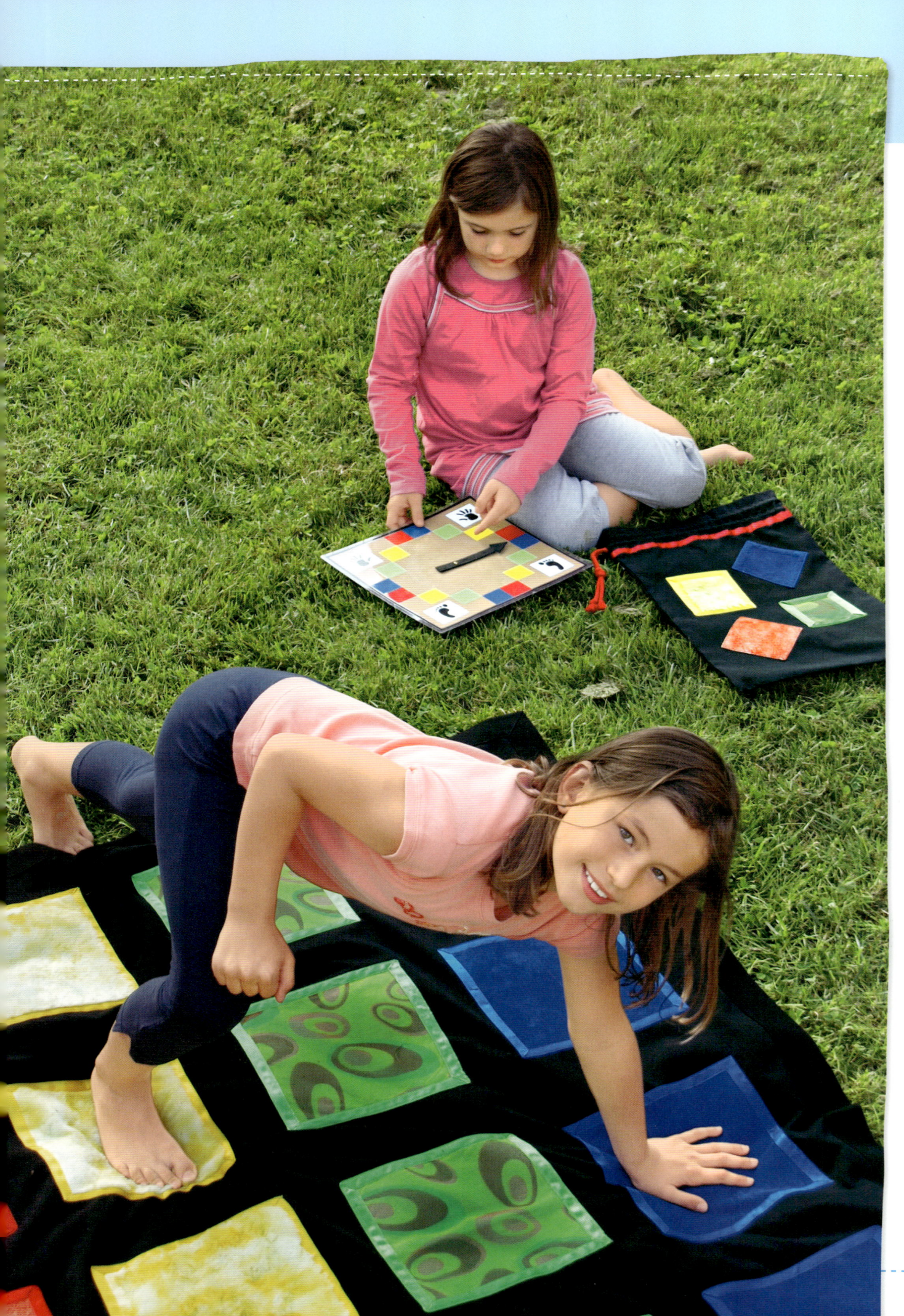

Wahrnehmungsspiele

Textile Materialien eignen sich sehr gut für Wahrnehmungsspiele, da sie helfen, sinnliche Wahrnehmungen auszubauen und zu verfeinern. Wahrnehmungsspiele schärfen auf spielerische Weise die Sinne, vor allem das Sehen, Fühlen, Riechen und Hören. Fähigkeiten des Vergleichens und Unterscheidens textiler Materialien und ihrer Eignung für bestimmte Einsatzbereiche werden ausgebildet, indem eine Sensibilisierung über visuelle und taktile Eindrücke von Farbe, Musterung und Faser sowie der textilen Faden- und Flächenkonstruktion, der Textur, erfolgt. Für einige Spiele sind Utensilien notwendig, die sich in jedem gut sortierten Spielekoffer befinden sollten. Ideal geeignet für Wahrnehmungsspiele sind neben Textilien weitere alltagskulturelle Gegenstände aus verschiedenen Materialien wie Kork, Holz, Stein, Metall und Kunststoffen.

Pirateninsel

MATERIAL

Spielfeld
- Baumwollköper in Hell- und Dunkelblau, 150 cm breit: je 130 cm (Vorder-/Rückseite)
- Baumwollköper in Beige, 150 cm breit: 25 cm (Inseln)
- Dickes Volumenvlies: 125 x 125 cm
- Bastelfilz in Hell- und Dunkelbraun, Grau, Hell- und Dunkelgrün: je ca. 30 x 30 cm (Palmen)
- Bunte Filz- und Stoffreste, grüne Filzwolle (Details: Papageien, Fische, Flaschen etc.)
- Stickvlies, 90 cm breit: 200 cm
- 20 Messing-Ösen, ø 1 cm
- 2 m dicke, braune Kordel (Zugband)

4 Spielfiguren
- Fimo in den Grundfarben Gelb, Rot, Blau und Braun: je 2 Päckchen
- Fimo in Hautfarbe: 2 Päckchen (Gesicht)

3 Schatzkisten und Schätze
- 3 kleine Holzkistchen
- Plakatfarbe in Braun, Schwarz und Gold
- Bunte Glitzersteine (zum Verzieren)
- ca. 20 oder mehr Muggelsteine, Murmeln etc. (Inhalt der Schatzkisten)

4 Säckchen
- Baumwollstoff („Fahnentuch") in den Farben der Spielfiguren: 20 x 100 cm
- Bordürenband mit Piratenmotiven: 150 cm
- 2 m braune Kordel
- 4 Messing-Ösen, ø 1 cm

3 Würfel
- 1 größerer Blanko-Holzwürfel
- 2 kleinere Blanko-Holzwürfel

HILFSMITTEL
Wasserfester Folienschreiber in Schwarz, Rot und Goldfarbe, Buchbinderleim oder Textilkleber, Trockenfilznadel, Hammer, Ösenzange

VORLAGEN
Seite 9: Schemazeichnung Spielfeld; Seite 100: Kokospalme 1–3, Papagei, Seestern, Flasche 1–2, Fischgräte, Fisch; Vorlagenbogen A: Insel 1–6, Schnittvorlage Schatzsäckchen, Totenkopf

GEWINNEN UND VERLIEREN

Spaß und Freude stehen bei diesem fantasievoll ausgearbeiteten Spiel für Sammler an erster Stelle. Es ist ein Glücksspiel, bei dem Kinder lernen, Gewinne und ungeplante Verluste anzunehmen sowie auch eigene Unsicherheiten zu erkennen und damit umzugehen. Leistungsdenken, aber auch Solidarität werden gefördert.

SO WIRD'S GEMACHT
Maße inkl. 2,5 cm Nahtzugabe, Säckchen 1–1,5 cm.

Spielfeld
Aus hell- und dunkelblauem Baumwollköper je 1 Kreis mit ø 125 cm (inkl. 2,5 cm Nahtzugabe) zuschneiden. Aus beigefarbenem Baumwollköper und Volumenvlies je 6 Inseln lt. Vorlage ohne Nahtzugabe ausschneiden. Aus Stickvlies 6 Stücke ausschneiden, die ringsum etwas größer als die jeweiligen Inseln sind. Die 6 Inseln auf dem hellblauen Köper lt. Schemazeichnung mit dem passenden Stück Volumenvlies auf das Spielfeld stecken und heften. Stickvlies auf

LINDA SCHÄFER

Schwierigkeitsgrad: ✱✱

ca. 20–28 Std.

120 x 120 cm

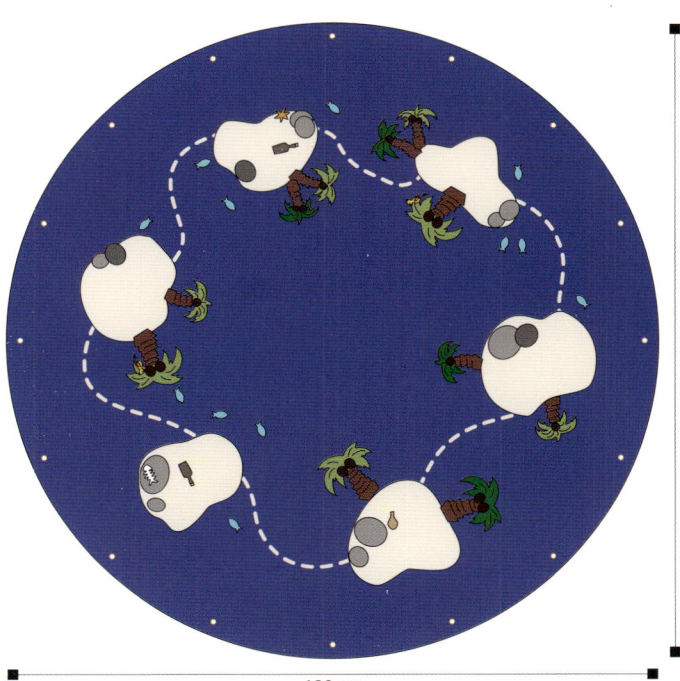

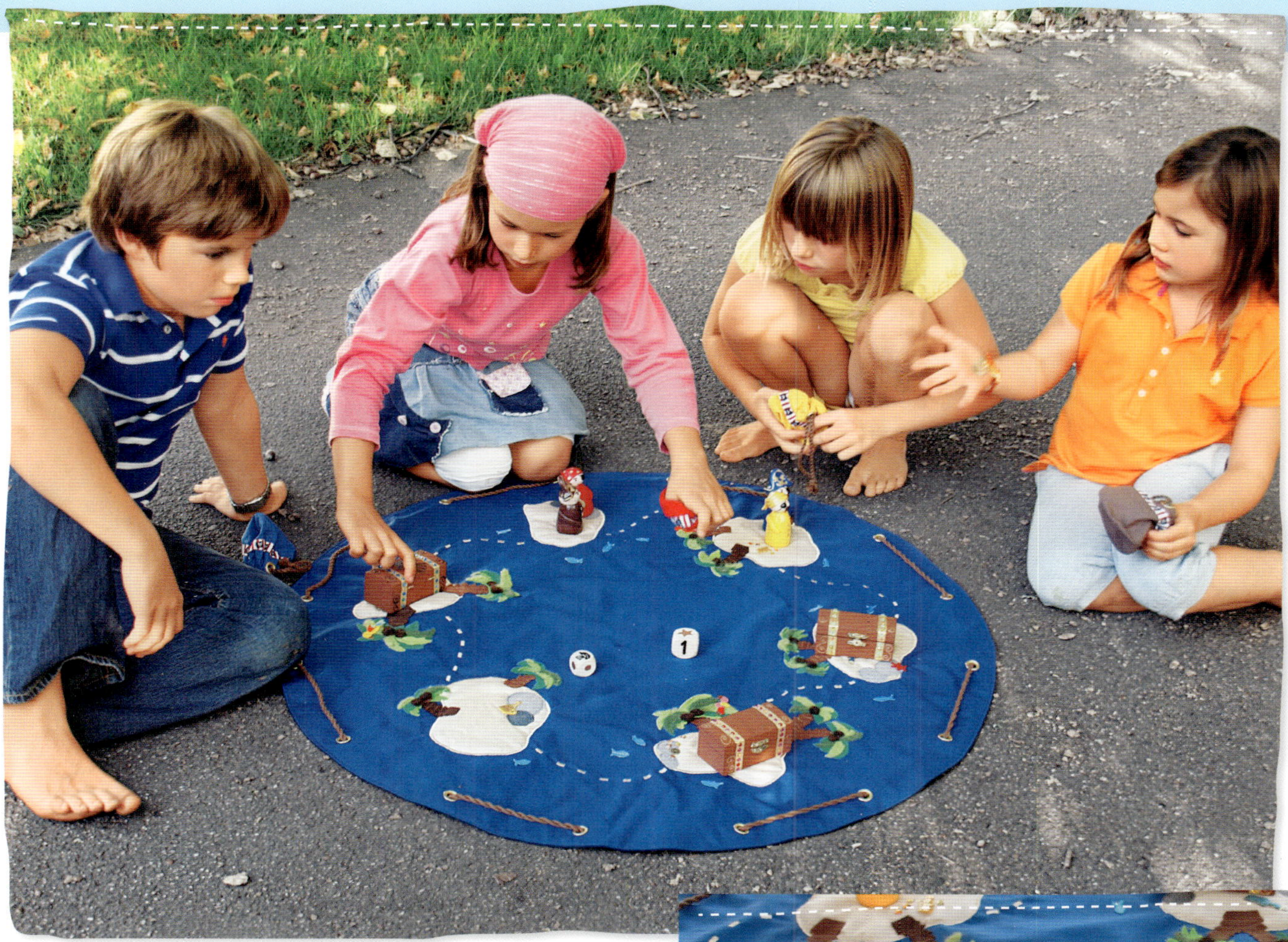

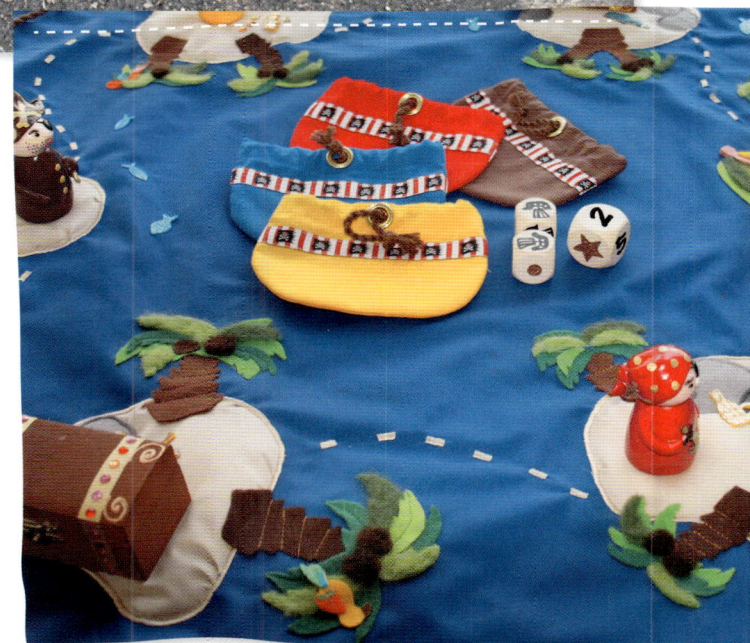

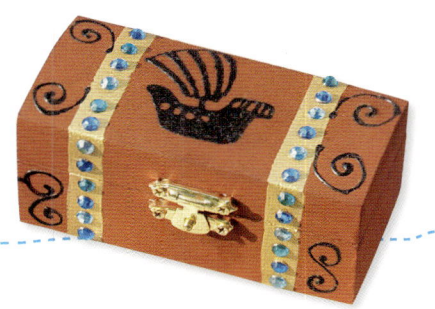

der linken Stoffseite des Kreises unterlegen und feststecken. Die Inseln von rechts mit dichtem Zickzackstich applizieren. Mit dichtem Zickzackstich auch den gestrichelten Weg (1 Strich ist ca. 1–2 cm lang) nähen. Die Inseln mit Palmen, kleinen Papageien, Flaschen und anderen Details schmücken. Die Palmen mit Textilkleber oder Leim festkleben oder aufnähen. Grüne Wolle mit der Filznadel auf die Blätter filzen. Die kleinen Fische entlang der Mittelachse mit Geradstich festnähen. Auf der Rückseite des Spielfeldes den Totenkopf mit Knochen und Fischen lt. Vorlagen applizieren. Die Vorder- und Rückseite des Spielfeldes rechts auf rechts bündig übereinanderlegen und bis auf eine 15 cm lange Wendeöffnung zusammennähen, Nahtzugaben ringsum etwas einknipsen, verstürzen und die Naht gut herausarbeiten. Die Wendeöffnung von Hand mit Matratzenstich schließen. Von rechts ringsum knappkantig absteppen. Die Ösen mit 2 cm Abstand zum Rand in gleichmäßigem Abstand zueinander (ca. 15 cm) lt. Herstellerangaben anbringen. 2 m Kordel durch die Ösen ziehen, Enden miteinander verknoten. (Die Kordel zieht das Spielfeld zu einem Matchsack zusammen.)

4 Spielfiguren (Piraten)

Für 1 Körper aus 1–2 Packungen Fimo (1 Farbe pro Figur) einen abgerundeten Kegel formen. Zwei Röllchen seitlich als Arme anfügen. Aus 1 halben

Packung hautfarbenem Fimo eine Kugel als Kopf formen. Einen Piratenhut oder ein Kopftuch formen. Darauf achten, dass alles gut aneinanderhaftet. Die Spielfigur sollte ca. 10 cm hoch sein. Fimo lt. Herstellerangaben backen. Danach das Gesicht mit schwarzem, den Mund mit rotem, Hut, Kopftücher, Säbel, „Haken" mit goldfarbenem Folienstift bemalen.

3 Schatzkisten

3 Kisten mit Braun und Gold bemalen und mit Glitzersteinen bekleben, davon 1 Kiste (Schatzkiste der feindlichen Piraten) zusätzlich mit einem schwarzen Schiff auf dem Deckel bemalen und mit Glitzersteinen nach eigenem Geschmack verzieren.

4 Säckchen

Je ein Säckchen in der Farbe der Piratenfiguren lt. Schnittvorlage zuschneiden. Säckchen mit einem Saum (Einschlag und Umschlag) für den Tunneldurchzug nähen (siehe Seite 97). Nach Belieben ein Band zur Verzierung unterhalb des Tunnels aufnähen.

3 Würfel

1 großen Würfel mit schwarzem Folienstift mit den Ziffern (nicht „Augen") von 1–6 beschriften. 2 kleine Würfel mit je 3 schwarzen Piratenschiffen und 3 goldenen Münzen bemalen.

SPielanleitung

Inhalt: 1 Spielfeld, 3 Würfel, 4 Spielfiguren, 3 Schatzkisten, 20 oder mehr Schätze (z.B. Murmeln)

Vorbereitung: Das Spielfeld ausbreiten. Die Schätze gerecht auf beide Schatzkisten aufteilen. Die Piratenschatzkiste bleibt leer. Gemeinsam werden zwei Inseln als Schatz- und eine Insel als Irateninsel ausgewählt und die Schatzkisten daraufgestellt. Jedes Kind wählt eine Piratenfigur und nimmt ein Säckchen in der dazugehörigen Farbe. Alle Figuren werden zu Beginn auf die Pirateninsel gestellt.

Spielverlauf
Gespielt wird reihum im Uhrzeigersinn. Wer heute schon besonders viel Glück oder Pech hatte, darf beginnen und mit dem Zahlenwürfel würfeln. Die Piraten ziehen um die gewürfelte Augenzahl im Uhrzeigersinn vorwärts. Jede Insel zählt als ein Feld.

Auf welcher Insel landet der Pirat?
• **Landet er auf einer normalen Insel ohne Schatzkiste?** – So eine Piratenflaute, hier passiert nichts!
• **Landet er auf einer der beiden Schatzinseln?** – So ein Piratenglück, du findest einen Schatz auf dieser Insel. Du nimmst 1 Schatz aus der Schatzkiste und verstaust ihn in deinem Säckchen.
• **Landet er auf der Pirateninsel?** – So ein Piratenpech! Die frechen Piraten nehmen dir 1 Schatz ab. Lege 1 deiner Schätze in die Piratenschatzkiste. Hast du noch keinen Schatz gesammelt, kannst du natürlich auch keinen abgeben.

Das Piratenduell
Wenn ein Pirat auf einer Insel landet, auf der bereits ein oder noch mehr Piraten stehen, kommt es zum Piratenduell: Dann würfeln die Spieler abwechselnd mit den beiden kleineren Würfeln.
• **Werden 2 Münzen gewürfelt**, bekommt der Spieler einen Schatz aus der Piratenschatzkiste.
• Bei **2 Schiffen** oder **1 Schiff und 1 Münze** passiert nichts. Nun ist der nächste Spieler im Uhrzeigersinn an der Reihe, dessen Pirat auch auf derselben Insel steht.
Nach dem Piratenduell ist das nächste Kind an der Reihe, das neben dem Würfler sitzt. Es zieht mit seinem Piraten gemäß der Würfelzahl weiter.

Spielende
Das Spiel endet, sobald ein Kind 5 Schätze eingesammelt hat und damit gewinnt.

 bis  bis

Hand and Foot – Main et Pied

MATERIAL
Spielfeld und Aufbewahrungsbeutel
- Baumwollköper in Schwarz, 150 cm breit: 235 cm
- Anti-Rutschmatte: ca. 130 x 170 cm
- 5 versch. Stoffqualitäten, z. B. Kord (blau), Webpelz (hellgelb), Baumwollstoff (rot), Tüll (grün und gemustert): je 30 x 135 cm („Fühlmaterialien" der Fühlquadrate)
- Satinband, ca. 1,5 cm breit: je 515 cm in Blau, Gelb, Rot, Grün (Einfassung der Fühlquadrate)
- Vliesofix, 90 cm breit: 75 cm
- Rote Kordel: 160 cm

Drehscheibe
- Tonkarton in Schwarz: 29 x 29 cm und 3 x 13 cm
- Tonpapier in Hellbraun: 28 x 28 cm
- Tonpapier in Blau, Gelb, Rot, Grün und Schwarz: jeweils 7 x 7 cm
- Moosgummi in Schwarz, 2–3 mm dick: 5 x 15 cm
- 1 Laminierfolie DIN A3
- 1 Musterklammer
- 1 weißes Blatt Papier DIN A4

HILFSMITTEL
Papierkleber, Alleskleber

VORLAGEN
Seite 13: Schemazeichnung Drehscheibe; Seite 92: Spielanweisungen; Seite 100: Hand, Fuß, Pfeil

Ein Fühltwister

Ein spielerisches Lernen mit Händen und Füßen – durch die Wahrnehmung der unterschiedlichen Materialien und die Bewegung wird der Lerninhalt quasi doppelt eingeprägt. Hier können schon die Kleinsten die ersten Wörter in einer Fremdsprache lernen und werden sie nicht mehr vergessen.

SO WIRD'S GEMACHT
Maße inkl. 1 cm Nahtzugabe.

Spielfeld
Aus Baumwollköper 147 x 190 cm zuschneiden. An allen Kanten einen Einschlag von 1 cm und einen Umschlag von 5 cm einbügeln, dabei diagonale oder übereinandergelegte Ecken arbeiten. Ringsum absteppen.

20 Fühlquadrate
Je 5 Quadrate à 23 x 23 cm in Blau, Gelb, Rot und Grün zuschneiden (die beiden grünen Tülle werden aufeinanderliegend verarbeitet). Die 4 Satinbänder in je 5 Stücke à 1 m schneiden.
Je 5 Quadrate der gleichen Farbe pro Reihe in Längsrichtung auf dem Spielfeld anordnen. Der Abstand zwischen den Quadraten beträgt 10,5 cm (zw. Quadraten gleicher Farbe) bzw. 7,5 cm (zw. Quadraten unterschiedlicher Farbe).
Die Quadrate aus Kord und Baumwollstoff mithilfe von Vliesofix aufbügeln. Jeweils 1 Quadrat aus gemustertem und 1 Quadrat aus einfarbigem Tüll übereinanderlegen. Der Tüll und Webpelz können nicht aufgebügelt werden, diese mit Stecknadeln fixieren. Satinband entlang der Kanten jedes Quadrats aufstecken (sodass die Kanten des Quadrats überdeckt sind), an den Innenecken zu einer 45°-Falte legen

3,5 cm

5 cm

28 cm

29 cm

und entlang beider Kanten mit dem Geradstich festnähen. Die Falte ebenfalls absteppen oder von Hand zunähen.

Drehscheibe

Aus schwarzem Tonkarton 1 Quadrat à 29 x 29 cm und 1 Pfeil lt. Vorlage zuschneiden. Aus hellbraunem Tonpapier 1 Quadrat à 28 x 28 cm, aus blauem, gelbem, rotem und grünem Tonpapier je 4 Quadrate à 3,5 x 3,5 cm und aus weißem Papier 2 Quadrate à 5 x 5 cm zuschneiden.

2 Hände und 2 Füße (davon je 1 Hand und 1 Fuß gegengleich) aus schwarzem Tonpapier lt. Vorlage ausschneiden. Hände und Füße jeweils mittig auf ein weißes Quadrat kleben.

Das hellbraune Quadrat mittig auf das schwarze kleben. Die kleinen Farbquadrate sowie die Hand- und Fußkarten lt. Schemazeichnung aufkleben. Drehscheibe und ausgeschnittenen Pfeil mit 2 cm Abstand zueinander in der gleichen Laminierfolie positioniert laminieren, mit einem Rand von 0,5 cm

ausschneiden. In die Mitte der Drehscheibe ein kleines Loch stanzen.

Laminierten Pfeil auf Moosgummi übertragen, ausschneiden und beides zusammenkleben. Den Pfeil mit der laminierten Seite mittels Musterklammer mittig auf der Drehscheibe anbringen. In den Pfeil mit dem Cutter einen Schlitz einritzen.

Aufbewahrungsbeutel

Aus schwarzem Köper 2 Rechtecke à 32 x 47 cm zuschneiden. 11 cm von der Oberkante entfernt je 1 Stück rotes Satinband à 32 cm aufnähen. Auf eine rechte Seite Quadrate in freier Anordnung aufnähen (siehe Foto). Dafür aus jedem Stoff 1 Quadrat à 10 x 10 cm und je 1 Stück Satinband à 14 cm Länge zuschneiden. Quadrate und Satinband wie beim Spielfeld applizieren. Den Aufbewahrungsbeutel mit Tunnelzug nähen, wie auf Seite 97 beschrieben. 2 Stück rote Kordel à 80 cm Länge zuschneiden und gegenläufig in den Tunnelzug einziehen. Beide Enden jeweils miteinander verknoten.

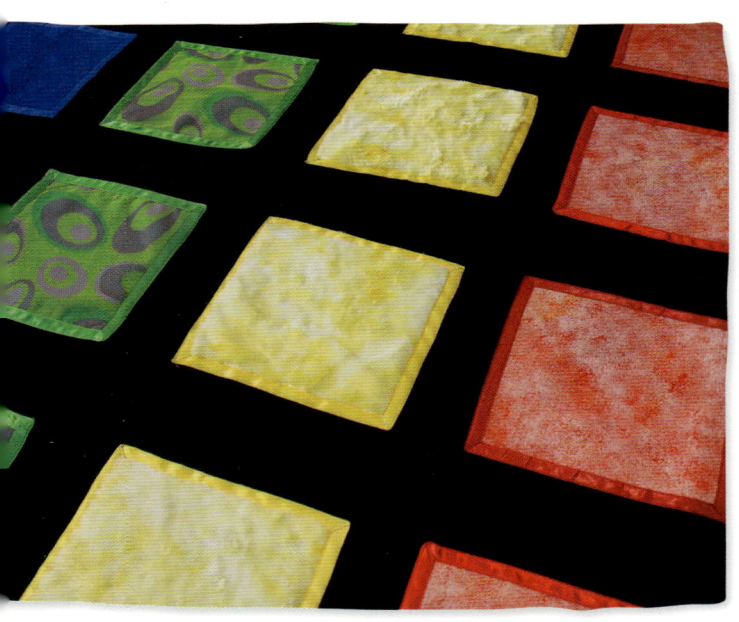

SPiElANlEituNg

Inhalt: 1 Spielfeld, 1 Drehscheibe

Vorbereitung: Das Spielfeld auf einer Anti-Rutschmatte oder einem anderen rutschfesten Unter-grund ausbreiten; einen Schiedsrichter bestimmen, der die Drehscheibe bedient.

Spielverlauf

Der Schiedsrichter dreht an der Drehscheibe und sagt an, was der Pfeil anzeigt, z. B. „Stelle deinen linken Fuß auf ein rotes Feld." In der Mindestanforderung der Fremdsprache heißt das: *„pied gauche, rouge"/„left foot, red" (= „linker Fuß, rot")*. Die Spieler auf dem Feld führen die Anweisungen aus. Der Schiedsrichter achtet darauf, dass die Spieler keine Fehler machen und sich nur mit Händen und Füßen am Boden abstützen.

Spielende

Der Spieler, der die Anweisungen als Letzter fehlerfrei und ohne umzufallen ausführen kann, gewinnt.

Alternative Spielideen

Je nach Alter können die Aussagen in der Fremdsprache zu Dialogen ausge-baut werden (z. B. *„Mets ton pied gauche sur un carré rouge."* / *„Put your left foot on a red square."* Das Mindestvokabular besteht aus 8 Vokabeln: „Fuß, Hand, rechts, links, blau, gelb, rot, grün". Je nach Förderungsschwerpunkt können auch die verschiedenen Stoffe anstatt der Farben benannt werden.

FühldomiNO

MATERIAL

4 Fühlsäckchen und 1 Aufbewahrungsbeutel
- Baumwollköper in Blau, 150 cm breit: 150 cm
- Baumwollstoff in Rot, Blau, Grün und Gelb:
  je 25 x 55 cm
- Vliesofix, 90 cm breit: 55 cm
- Feste Bügeleinlage: 2 x 50 cm
  (Verstärkung unter den Ösen)
- Stickvlies, 90 cm breit: 60 cm
- 10 Ösen, ø 0,7 cm (möglichst mit Unterlegteilen)
- Kordel, ø 0,5 cm: 200 cm rot, 80 cm blau,
  80 cm grün, 80 cm gelb
- 10 Holzperlen, ø 2,5 cm

20 Dominosteine
- Baumwollköper in Schwarz, 140 cm breit: 30 cm
- 10 Stoffe mit unterschiedlichen Oberflächenstruk-
  turen (z.B. Kord, Filz, Satin, Fell etc.):
  je ca. 10 x 15 cm
- Synthetische Füllwatte

HILFSMITTEL
Hammer

VORLAGEN
Seite 101: Hand

Wie fühlt sich das an, was wir sehen – welche Stoffe gehören zueinander und welche nicht? Hier wird Domino mal ganz anders gespielt, denn eine intensive Wahrnehmung ist gefragt! Damit das Spiel nicht zu anstrengend wird, gibt es nur 10 unterschiedliche Oberflächen, welche je nach Alter variiert werden können.

SO WIRD'S GEMACHT
Maße inkl. 1 cm Nahtzugabe (falls nicht anders ange-geben).

1 Aufbewahrungsbeutel
Aus blauem Baumwollköper 2 Rechtecke à 37 x 55 cm zuschneiden und die Stoffkanten mit Zickzackstich versäubern. Die Hand lt. Vorlage auf Papier übertragen, in 4 schräge Partien aufteilen und mit Rot, Grün, Gelb, Blau und Fadenlaufpfeilen beschriften. Die blauen, roten, grünen und gelben Stoffe entsprechend der eingezeichneten Partien mit 1 cm Nahtzugabe zuschneiden, aneinandernähen, die Nahtzugaben auseinanderbügeln. Aus diesem Patchwork eine Hand lt. Vorlage mithilfe von Vliesofix auf die rechte Seite eines der beiden Rechtecke aufbügeln, Stick-vlies unter den Grundstoff stecken und entlang der Kanten mit einem engen Zickzackstich befestigen. An einer der kürzeren Seiten mittig eine 2 x 10 cm große feste Bügeleinlage einbügeln und auf der rechten Seite 2 Ösen mit 3 cm Abstand zur oberen Kante und 2 cm Abstand zueinander einschlagen. Die Zuschnitte rechts auf rechts zusammenlegen, Seiten und Boden zusammennähen.

Für den oberen Abschluss und Tunnelzug an beiden kurzen Seiten einen nach innen liegenden Saum mit 2 cm Einschlag und 2 cm Umschlag anfertigen, am besten die Kordel bereits in die Ösen einfädeln und den Saum steppen. Die Enden der Kordel mit Perlen sichern.

4 Fühlsäckchen

Aus blauem Baumwollköper 8 Rechtecke à 25 x 35 cm zuschneiden. Daraus 4 Säckchen genauso wie das Aufbewahrungssäckchen nähen. Jedoch auf jedes Säckchen 1 Hand in einer anderen Farbe applizieren und nicht aus verschiedenfarbigen Streifen zusammensetzen.

20 Dominosteine

Für die Rückseiten aus schwarzem Baumwollköper 20 Rechtecke à 6 x 11 cm (inkl. 0,5 cm Nahtzugabe) zuschneiden. Für die Vorderseiten aus 10 verschiedenen Stoffen je 2 Quadrate à 6 x 6 cm zuschneiden. Davon je 2 verschiedene, in Material und Farbe kontrastierende Stoffe mit 0,5 cm Nahtzugabe und kurzer Stichlänge zusammennähen, dabei auf die Reihenfolge der Dominoteile achten. Die Vorder- und Rückseiten jeweils rechts auf rechts bis auf eine 4 cm große Wendeöffnung an einer langen Seite zusammennähen. Die Nahtzugaben an den Ecken beschneiden und die Steine verstürzen. Mit Füllwatte leicht ausstopfen und die Wendeöffnung von Hand mit Matratzenstich schließen.

Spielanleitung

Inhalt: 4 Fühlsäckchen, 20 Dominosteine

Vorbereitung: Die Dominosäckchen werden zu Beginn gleichmäßig unter den Mitspielern aufgeteilt und in die Fühlsäckchen gelegt.

Spielverlauf

Der jüngste Spieler beginnt. Er darf einen Dominostein aus seinem Säckchen ziehen und ihn in die Mitte legen. Dann versuchen alle anderen Spieler, den passenden Stein aus ihrem Säckchen zu erfühlen. Der bereits gelegte Dominostein darf auch zum Vergleich gefühlt werden. Wer das passende Stück ertastet hat, darf seinen Stein anlegen.

Spielende

Das Spiel endet, wenn alle Dominosteine angelegt sind.

Alternative Spielideen

- Der Schwierigkeitsgrad ist abhängig von Anzahl und Art der gewählten textilen Oberflächen für die Dominosteine. So kann man das Spiel je nach Alter der Kinder variieren.
- Durch die Benennung des ertasteten Materials ist eine weitere Spieldifferenzierung möglich.

 bis

Zahlensäckchen

MATERIAL
Spielfeld, 18 Zahlensäckchen und Rechensymbole
- Baumwollstoff in Gelb: 80 x 100 cm (Spielfeld)
- Baumwollstoffe in Weiß und Rot: je 30 x 150 cm (Zahlensäckchen)
- Stoffreste von 9 verschiedenen Materialien, z. B. Denim, Leder, Filz, Samt, Kord, Frottier, Fell, Jute, Nicky: jeweils ca. 7 x 7 cm (Zahlenapplikationen)
- Stoffmalfarben, Textil- und Plusterstifte in verschiedenen Farben
- Vliesofix, 90 cm breit: 20 cm
- Verschiedene Füllmaterialien, z. B. Füllwatte, Haselnüsse (mit Schale), Linsen, Schnur, Reste von Fallschirmstoff, Kieselsteine, Sonnenblumenkerne, Reis, Murmeln, Heu etc. (Zahlensäckchen)
- Fester Karton (Schablonen)
- Roter Karton od. Moosgummi (Rechensymbole)

3 Spielfiguren
- Fimo in Gelb, Rot und Blau: je ca. 20 g

Aufbewahrungsbeutel
- Baumwollstoff in Gelb, 150 cm breit: 80 cm
- Gelbe Kordel: 220 cm

1 Würfel

HILFSMITTEL
Pappe, Schablonierpinsel, Korken, Walze, Kunststoff-Rhenalon-Platte

VORLAGEN
Seite 21: Schemazeichnung Spielfeld

Ein Spiel mit vielen Möglichkeiten

Durch Wahrnehmen und Üben werden zu Hause und im Unterricht spielerisch Lerninhalte angewendet, eingeübt und vertieft. Das Spiel lässt viele Spielvarianten mit unterschiedlichen Schwierigkeitsgraden in den Fächern Deutsch, Mathematik, Englisch und Textilgestaltung zu. Auch eine interdisziplinäre Zusammenarbeit der Unterrichtsfächer ist möglich.

SO WIRD'S GEMACHT
Maße inkl. 1 cm Nahtzugabe (Säckchen, Aufbewahrungsbeutel) und inkl. 2,5 cm Nahtzugabe (Spielfeld).

Spielfeld
Aus gelbem Baumwollstoff 1 Rechteck à 78 x 96 cm zuschneiden. Aus festem Karton Schablonen für die Zahlen 1–9 (Höhe 6,5 cm) und 1 runde Schablone (ø 5,5 cm) für das Start- bzw. Zielfeld herstellen. Das Spielfeld mithilfe der Schablonen (Zahlen, Start, Ziel) und einem Korken (Wegfelder) mit Textilfarbe bedrucken, dabei auf dem Stoffstück einen Rand von ringsum 7,5 cm unbedruckt lassen. Wenn alles trocken ist, die Zahlen mit Plusterfarbe umrahmen, Start- und Zielfeld mit einem goldenen Textilstift beschriften. Die Farben gut trocknen lassen und anschließend von der Rückseite durch Bügeln fixieren. Einen Einschlag und Umschlag von je 2,5 cm (insg. 5 cm) einbügeln. Diagonale oder übereinandergelegte Ecken arbeiten, ringsum feststeppen.

18 Zahlensäckchen
18 weiße und 18 rote Quadrate à 12 x 12 cm zuschneiden. Schablonen für die Zahlen von 1–9 (Höhe 6,5 cm) für die Applikation herstellen: Jede Zahl jeweils 2-mal seitenverkehrt auf Vliesofix aufzeichnen, auf einen Stoffrest aufbügeln und ausschneiden, dabei

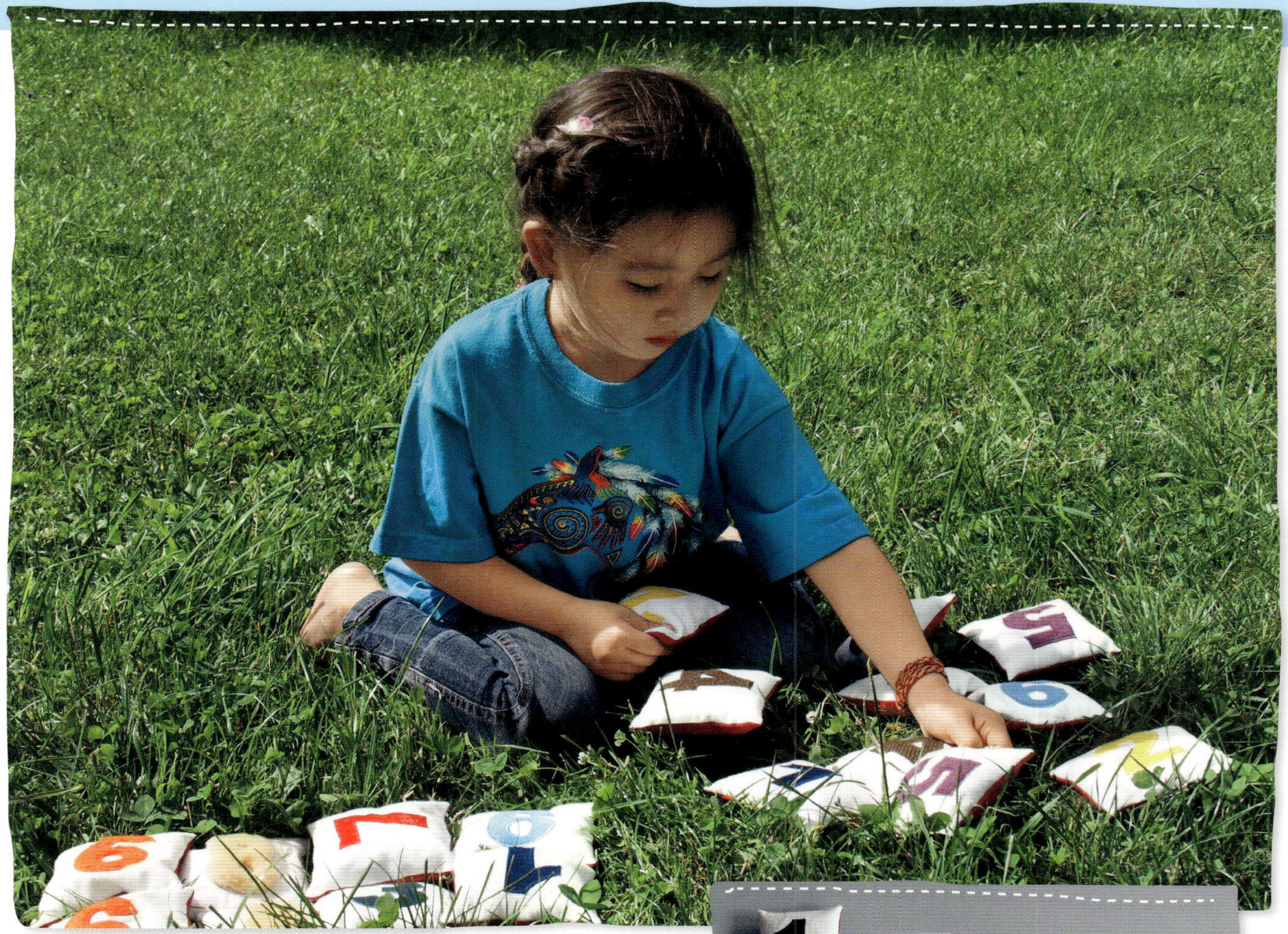

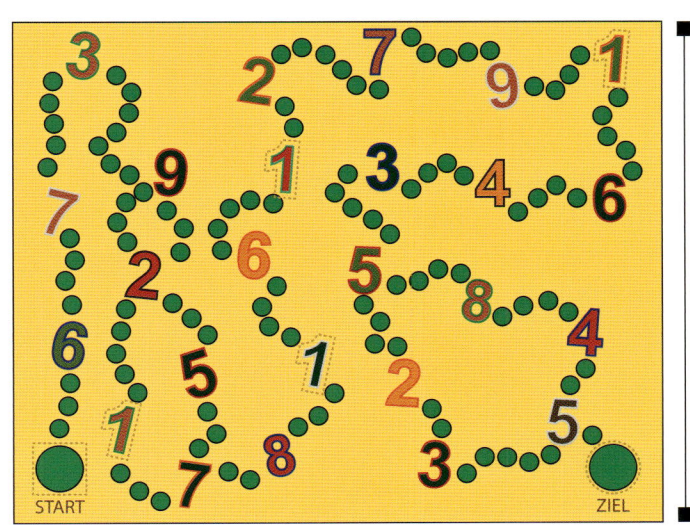

Das Kind spielt die Variante Fühl-Memory.

1	Denim (Jeans)
2	Nicki
3	Leder
4	Rupfen (Jute)
5	Frottier
6	(Fein-)Kord
7	Pannésamt
8	Fell
9	Bastelfilz

Variante Stoffe erfühlen.

86 cm

68 cm

START

ZIEL

für jede Zahl dasselbe Material verwenden. Das Träger-papier abziehen und mittig auf ein weißes Stoff-quadrat aufbügeln. Die Kanten mit dichtem Zickzack-stich überdecken. Jeweils ein weißes und ein rotes Quadrat rechts auf rechts legen und bis auf eine Wendeöffnung in der Mitte des Quadrats ringsum zusammennähen. Die Nahtzugaben an den Ecken beschneiden, Säckchen verstürzen. Jeweils zwei Säckchen mit demselben Material füllen. *Achtung:* Säckchen mit denselben Zahlen müssen mit unter-schiedlichem Material gefüllt werden! Die Wendeöff-nung von Hand mit feinen Matratzenstichen schließen.

3 Spielfiguren

Aus Fimo 3 Spielfiguren als Zahlen („1, 2, 3") in den Farben Gelb, Rot und Blau formen, dabei auch einen Sockel arbeiten, damit sie stehen können.

Aufbewahrungsbeutel

Aus gelbem Baumwollstoff ein Rechteck à 75 x 145 cm zuschneiden. Auf die rechte Seite Zahlen in belie-biger Anordnung mithilfe der Schablonen und Textil-farbe aufdrucken, wie beim Spielfeld beschrieben. Eine gelbe Kordel à 220 cm Länge zuschneiden. Den Aufbewahrungsbeutel, wie auf Seite 97 beschrieben, nähen.

Alternative Spielideen

• **Mathematik** (Inhalt wie „Zahlen/Stoffe erfüh-len", jedoch mit 18 Säckchen und 4 Rechen-symbolen in den Grundrechenarten): Landet ein Spieler auf einem Feld mit einer Zahl, muss er so viele Säckchen ziehen, wie die Zahl vorgibt, dann mit zusätzlichen Rechen-symbolen (aus farbigem, laminierten Papier herstellen) miteinander in eine beliebige Reihen-folge bringen und eine Rechenaufgabe daraus machen. Die Grundrechenarten werden zuvor vereinbart.

• **Deutsch** (Inhalt wie „Zahlen/Stoffe erfühlen", jedoch ohne Säckchen): Der Spielleiter (Lehr-person) legt fest, ob Wörter oder Sätze gebildet werden sollen. Zusätzlich kann noch vereinbart werden, dass die Wörter/Sätze von allen aufge-schrieben werden müssen.

Wenn jemand auf ein Feld mit einer Zahl kommt, muss ein Wort (bzw. Satz) gebildet werden, das aus so vielen Buchstaben (bzw. Wörtern) besteht, wie die Zahl angibt. Die Mitspieler überprüfen die Lösung, bei Unklarheiten kann ein Wörterbuch zur Hilfe genommen werden. Das Feld mit der Zahl „1" bildet eine Ausnahme: Hier darf nochmals gewürfelt werden.

• **Fremdsprache** (Inhalt wie „Fühl-Memory", jedoch mit 9 Säckchen): Die Zahlen von 1–9 oder die auf den Säckchen verwendeten Farben werden in der Fremdsprache aufgeschrieben. Die Säckchen müssen den ausgeschriebenen Wörtern zugeordnet werden.

• **Memory** (Inhalt wie „Fühl-Memory"): Alle Zah-len werden verdeckt angeordnet. Gleiche Zah-len oder Materialien müssen gefunden werden.

SPIElAnlEitung

ZAHLEN/STOFFE ERFÜHLEN

Inhalt: 9 Zahlensäckchen mit Zahlen von 1–9, Spielplan, Spielfiguren, 1 Würfel

Vorbereitung: Jeder Spieler erhält eine Spielfigur und stellt diese auf das Startfeld. Zu Beginn würfelt jeder Spieler einmal. Wer die höchste Zahl würfelt, beginnt. Gespielt wird reihum im Uhrzeigersinn.

Hinweis: Bei der Spielvariante „Stoffe erfühlen" wird vorausgesetzt, dass im Unterricht bereits verschiedene Stoffe besprochen wurden, sodass den Spielern alle verwendeten Textilien bekannt sind.

Spielverlauf: Jeder Spieler zieht um die gewürfelte Augenzahl vor. Dabei können mehrere Spieler auf demselben Feld stehen. Die grünen Felder sind Lauffelder. Landet ein Spieler auf einem Feld mit einer Zahl, muss das Säckchen mit der entsprechenden Zahl …

1) Variante Zahlen: … blind im Aufbewahrungssack erfühlt werden.

2) Variante Stoffe: … in die Hand genommen und erfühlt werden, um welchen Stoff es sich handelt. Wenn das Säckchen mit der richtigen Zahl gezogen wurde bzw. der Stoff richtig benannt wurde, darf der Spieler in der nächsten Runde würfeln und weiterziehen. Wurde das falsche Säckchen gezogen oder der Stoff falsch benannt, muss der Spieler in der nächsten Runde aussetzen.

Spielende: Wer als Erster das Zielfeld erreicht, hat gewonnen.

Beispiel Stoffe erfühlen: 1: Denim (Jeans), 2: Nicki, 3: Leder, 4: Jute, 5: Frottier, 6: Kord, 7: Samt, 8: Fell, 9: Filz

FÜHL-MEMORY

Inhalt: 18 Zahlensäckchen mit Zahlen von 1–9

Vorbereitung: Von insgesamt 18 Säckchen sind je 2 Säckchen mit dem gleichen Inhalt gefüllt. Jede Zahl kommt zwar zweimal vor, aber der Inhalt ist nicht der gleiche. Alle Säckchen werden über- und nebeneinander angeordnet. Dabei kann wahlweise die rote Stoffseite oder die weiße Stoffseite mit den aufgenähten Zahlen nach oben zeigen.

Spielverlauf: Der erste Spieler nimmt 2 Säckchen in die Hand und ertastet, ob sie sich gleich oder unterschiedlich anfühlen. Fühlen sie sich gleich an, kontrolliert dies ein Mitspieler ebenfalls durch Fühlen. Ist der Mitspieler einverstanden, legt der Spieler die beiden Säckchen aufeinander neben sich ab und kommt noch einmal dran. Fühlen sich die beiden Säckchen unterschiedlich an, werden sie wieder zurückgelegt.

Spielende: Es wird so lange gespielt, bis alle neun Paare gefunden sind. Gewonnen hat das Kind, das am Ende die meisten Paare gesammelt hat.

SPIELE ZUM BAUEN UND WOHNEN

Mithilfe von textilen Hüllen, Würfeln und Häusern können Kinder ihrem ureigenen Spieltrieb des Bauens und Versteckens nachgehen. Die Spielwürfel beispielsweise sind äußerst flexibel einsetzbar; mit ihnen kann man ein Häuschen oder eine Hauswand bauen und sich darin und dahinter verstecken. Die Häuschen und Zelte sind hervorragend für Rollenspiele geeignet, um Raumerfahrungen zu machen und sich zurückzuziehen. Auch die frei anfügbaren Klettmotive regen zum Spielen mit verteilten Rollen an. Tücher, Decken, Kordeln und Kissen bieten Kindern vielfältige Möglichkeiten, ihre mobilen Behausungen nach ihren individuellen Vorstellungen zu gestalten.

STERNENZELT

MATERIAL
- Baumwoll- oder Mischgewebe, etwas transparent, glatt, reißfest, in Dunkelblau oder Violett, 110 cm breit: 640 cm Ton in Ton gestreift (Zeltbahnen) und 620 cm unifarben (Zeltbahnen, Bindebänder)
- Feinkord in Dunkelblau oder Violett, 120 cm breit: 125 cm (Zelteinschlupf, Formbesatz)
- Metallicgewebe, Lamé oder Folienjersey in Gold: 20 x 40 cm (Stern)
- Volumenvlies (nicht einzubügeln): 20 x 40 cm (Stern)
- Stickvlies in Größe des Schriftzugs (Stickerei „Sternenzelt")
- Aufnähbares Klettband: 6 cm (Stern)
- Polyester-Nähgarn in Blau, Nähmaschinen-Metallicgarn in Gold
- 6 Bambusstangen, ø 1,5–2 cm, mind. 200 cm lang

HILFSMITTEL
Trickmarker, transparente Folie, wasserfester Folienstift

VORLAGEN
Seite 29: Schemazeichnungen Zeltbahn/Sturz und Einschlupf; Seite 102: Stern

SO WIRD'S GEMACHT

20 Bindebänder
Aus Baumwollstoff 20 Streifen à 4 x 80 cm zuschneiden. Die Längsseiten jeweils 1 cm links auf links zur Mitte einschlagen, kurze Kanten ebenfalls 1 cm nach links falten. Die Einschläge der Längskanten bündig aufeinanderklappen und alle Kanten schmalkantig absteppen (fertige Breite: 1 cm).

Ein Zelt zum Lesen und Träumen

Das Sternenzelt ist eine Oase, die den Kontakt nach außen aufrechterhält. Hier bietet ein kleiner Raum die Möglichkeit, sich zu sammeln, sich kurzfristig zurückzuziehen, zu lesen oder einfach nur zu träumen. Es kann drinnen wie draußen aufgestellt werden.

5 Zeltbahnen
Aus gestreiftem Stoff 3 Zeltbahnen und aus unifarbenem Stoff 2 Zeltbahnen lt. Schemazeichnung plus 2 cm Nahtzugabe zuschneiden. Beim Zuschnitt darauf achten, dass der Fadenlauf (siehe Pfeilsymbol) parallel zur Mittelachse verläuft. Die 5 Zeltbahnen (abwechselnd gestreift/uni) an den Seitenkanten mit einer einfachen Naht (Dreifachstich), einer Doppel- oder Kappnaht aneinandernähen.

Sturz
Aus unifarbenem Stoff den Sturz (Dreieck über dem Einschlupf) lt. Schemazeichnung plus 2 cm Nahtzugabe zuschneiden und mit Freihand-Maschinenstickerei besticken: Dafür zunächst den Schriftzug „Sternenzelt" in freier Gestaltung mit einem Trickmarker schreiben (Großbuchstaben 7 cm hoch, Kleinbuchstaben 4 cm hoch, insg. 40 cm Länge). Auf der Rückseite unter den zu bestickenden Bereich ausreichend Stickvlies unterheften. Den Freihandstickfuß (oder Stopffüßchen) einsetzen und den Transporteur ggf. versenken. Mit goldfarbenem Metallicgarn mehrere kleine Sterne und den Schriftzug „Sternenzelt" sticken. Die gewünschte Position für den genähten Stern (s. u.) festlegen und die raue Hälfte des Klettbandes an entsprechender Stelle auf den Sturz festnähen.

Zelteinschlupf

Aus Feinkord 2 gegengleiche Trapeze lt. Schemazeichnung plus 2 cm Nahtzugabe zuschneiden.
An beiden Zuschnitten jeweils an der Kante, die am
Einschlupf (zur Zeltmitte hin) liegt, einen einfachen
Saum mit je 1 cm Einschlag und Umschlag nähen,
dabei den Saum gegengleich arbeiten. Für die vordere Mitte die fertig gesäumten Kanten 7 cm breit
übereinanderlegen, an der oberen Kante zusammen-
heften und rechts auf rechts an den Sturz nähen.
Die Zugaben nach oben bügeln. Den fertig ausgearbeiteten Zelteinschlupf (inkl. Sturz) zwischen die
Zeltbahnen nähen.

Oberer Zeltabschluss mit Formbesatz

Von der Zeltspitze ca. 18 cm in der Höhe (inkl. 2 cm
Nahtzugabe) abschneiden, damit sich eine trichter-
förmige Öffnung von 40–42 cm Umfang für die Bambusstangen ergibt. Um einen Schnitt für den Formbesatz anzufertigen, das Zelt flach hinlegen. Eine
transparente Folie an die Oberkante (Loch) auflegen.
Einen Schnitt über 3 Zeltbahnen hinweg mit 10 cm
Breite zeichnen, an den kurzen Enden 1 cm Nahtzugabe zugeben, zusätzlich mittig einen Schlitz von
4 cm Länge ab Oberkante einzeichnen. Feinkord
rechts auf rechts falten, das Schnittteil für den Formbesatz am Stoffbruch anlegen und gegengleich
zuschneiden (den Schlitz noch nicht einschneiden,
es wird nur 1 Schlitz benötigt).
2 Bindebänder an der Oberkante rechts und links
des angezeichneten Schlitzes nach innen und unten
zeigend auf die rechte Seite des Besatzes nähen. Den
Besatz an den kurzen Kanten rechts auf rechts zum
Schlauch zusammennähen und die Unterkante versäubern. Rechts auf rechts über die Oberkante des
Zelts stülpen und kantenbündig mit kurzer Stichlänge
(ca. 1,3 mm) an die Oberkante nähen, dabei auch
den Schlitz absteppen. Diesen erst nach dem Nähen
einschneiden. Die Nahtzugaben an den Spitzen und

Rundungen des Schlitzes bis knapp vor die Nahtlinie
einknipsen und Besatz nach innen wenden. Die
Oberkante knappkantig von rechts absteppen.

Zeltsaum

Die schräg nach außen verlaufenden Nähte der Zeltbahnen ab dem markierten Saumumbruch etwas
verengt abnähen oder in Fältchen legen (siehe Seite
96). Den unteren Saum mit je 1–2 cm Einschlag und
Umschlag einbügeln und knappkantig absteppen.

Stern

Den Stern lt. Vorlage auf Papier oder Folie übertragen
und ausschneiden. Aus dem Goldstoff 2 Quadrate à
20 x 20 cm zuschneiden. Die weiche Hälfte des Klettbandes für die Rückseite des Sterns auf die rechte
Seite eines Quadrats mittig mit stabiler Naht aufnähen.
Die Quadrate rechts auf rechts legen, auf ein gleich
großes Stück Volumenvlies stecken. Den Stern mithilfe der Sternschablone anzeichnen und entlang der
Linien rundum bis auf eine Wendeöffnung zusammennähen. Nun die Sternform mit 5 mm Abstand zur
Naht ausschneiden, die Nahtzugaben an den Spitzen
beschneiden, in den Ecken einknipsen. Stern verstürzen und die Wendeöffnung von Hand mit Matratzenstich schließen.

Bindebänder anbringen

Für die Befestigung der Zeltstangen je 3 Bindebänder auf jede Längsnaht im Zeltinnern festnähen
(= 18 Bindebänder). Die Bänder jeweils mittig (sodass
2 Enden zum Festbinden frei sind) im Abstand von
45 cm und 120 cm zur Oberkante sowie im Abstand
von 4 cm zum Saum mit doppelter oder dreifacher
Naht festnähen.

Zelt aufstellen

6 Stangen im Innern mithilfe der Bindebänder befestigen.

Spielanleitung

Das Sternenzelt eignet sich für das freie Spielen draußen oder als Möglichkeit für den privaten Rückzug. Durch die Öffnung und den leicht transparenten Stoff bleibt der Kontakt zur Außenwelt bestehen. Es kann im eigenen Garten oder in einer Ecke des Kindergarten- bzw. Schulgebäudes oder auch als Lesezelt für die Stillarbeit in der Schule genutzt werden.

Sturz
(1-mal)

100 cm

50 cm

100 cm

Zeltbahn
(5-mal)

100 cm

32 cm   32 cm

Einschlupf
links
(1-mal)

Einschlupf
rechts
(1-mal)

100 cm

57 cm   57 cm

MATERIAL

- Baumwollköper in Beige, 150 cm breit: 420 cm (Wände, Schlaufen Dach/Vorhänge)
- Baumwollköper in Rot, 150 cm breit: 100 cm (Dach außen)
- Kapa-Platte: 88 x 112 cm (Dach-Stabilität)
- Heller Nesselstoff, 150 cm breit: 110 cm (Dach innen)
- Dunkelblauer Denim, 150 cm breit: 100 cm (Türrahmen, Türgriff, Eingang Hundehütte)
- Baumwollkarostoff (Vichy) in Rot, 150 cm breit: 160 cm (Tür, Tür-, Fensterrahmen, Hundehütte)
- Satin und Organza in Hellblau: je 20 cm (Türfenster)
- Vorhangstoff: 45 cm (Fenstervorhänge)
- Baumwollstoff in Hellblau, 140 cm breit: 160 cm (Bistro-Bogenkante, Hundehütte)
- Baumwollstoff bunt gestreift, 140 cm breit: 120 cm (Bistro-Bogenkante)
- Baumwollstoff quer gestreift, 140 cm breit: 15 cm (Blumenkasten)
- Verschiedene bunte Stoffreste (Blumen)
- Aufbügelbares Volumenvlies, 90 cm breit: 80 cm (Fensterrahmen, Dach Hundehütte)
- Bügeleinlage, 90 cm breit: 50 cm (Verstärkung Tür)
- Vliesofix, 90 cm breit: 55 cm (Hundehütte, Blumen)
- Synthetische Füllwatte (Türgriff)
- 16 cm Klettband (Tür, Türrahmen)
- 2 Vorhangstangen, ca. 38 cm lang (Vorhänge)

VORLAGEN

Seite 34–35: Schemazeichnungen linke/rechte Seite, Vorder-/Rückseite, Detailzeichnung Tür, Türgriff, Bistro-Bogenkante

Versteck mich!

Ein genähtes Haus mit allem Drum und Dran! Das Spielhäuschen kann man in einen Raum oder in den Garten unter Bäume hängen – ideal als kleiner, privater Rückzugsort für Rollen- und Versteckspiele. Auch größere Kinder werden der Versuchung, sich einmal darin aufzuhalten, nicht widerstehen können.

SO WIRD'S GEMACHT

Maße inkl. 1 cm Nahtzugabe (falls nicht anders angegeben).

1 Türgriff

Den Türgriff aus dunklem Denim lt. Schemazeichnung in doppelter Stofflage zuschneiden und rechts auf rechts schmalkantig mit dem Geradstich absteppen, dabei eine schmale Seite zum Verstürzen offen lassen. Naht auseinanderbügeln, die Nahtzugaben in den inneren und äußeren Rundungen einknipsen, ohne die Naht zu verletzen. Türgriff verstürzen, mit Füllwatte füllen.

1 Tür und 2 Türfenster

Für die Tür aus rotem Baumwollkarostoff und Bügeleinlage je 2 Rechtecke à 50 x 80 cm zuschneiden. Für die Türfenster aus hellblauem Satin und Organza je 2 Rechtecke à 14,5 x 16 cm (inkl. 0,5 cm Nahtzugabe) zuschneiden. Zwei Türfenster als Löcher à 12,5 x 14 cm lt. Schemazeichnung aus einem der Baumwollkaroteile (Tür) herausschneiden (fertige Größe 13,5 x 15 cm). Die hellblauen Fenster (Satin und Organza aufeinandergelegt) auf der linken Stoffseite feststecken, mit dem Geradstich schmalkantig festnähen und die offenen Stoffkanten von der rechten Seite ringsum mit einem dichten Zickzackstich (Applikationsstich) überdecken.

Zur Verstärkung der Tür Bügeleinlage auf die Innenseite aufbügeln. In die obere und untere Ecke der Vorderseite der Tür (Seite, die geöffnet wird) je einen 4 cm langen Klettstreifen (flauschige Hälfte) quer aufnähen, um die Tür später von innen an der Wand befestigen zu können. Beide Türteile rechts auf rechts legen, den Türgriff an der entsprechenden Stelle in Richtung Türmitte liegend zwischenfassen und gemeinsam feststecken. Stoffteile mit 1 cm Nahtzugabe mit dem Dreifachstich (siehe Seite 96) zusammennähen, die Scharnierseite der Tür (linke Kanten, nach dem Verstürzen spätere rechte Seite) offen lassen. Naht auseinanderbügeln, Ecken beschneiden, verstürzen und die offenen, nun rechts liegenden Schnittkanten versäubern. Tür beiseite legen.

4 Bistro-Bogenkanten

Aus hellblauem Baumwollstoff 4 Streifen à 26 x 114 cm und aus bunt gestreiftem Baumwollstoff 4 Streifen à 26 x 90 cm zuschneiden. Je 2 Streifen rechts auf rechts legen. Mithilfe der Schemazeichnung für die Bistro-Bogenkante (Rapport) eine Schablone herstellen und die Bögen auf 4 linke Stoffseiten einzeichnen, dabei eine Nahtzugabe von 1 cm einplanen. Die Stoffstreifen entlang der Bögen mit dem Geradstich zusammennähen, die obere Schnittkante jeweils offen lassen. Rundungen und Ecken einknipsen, ohne die Naht zu verletzen, Nahtzugaben über dem Ärmel-

brett auseinanderbügeln, dann verstürzen und die obere Schnittkante versäubern.

6 Schlaufen für die Aufhängung am Dach und an 2 Vorhangstangen

Für die Schlaufen am Dach aus hellem Baumwollköper einen langen Schlauch à 4 x 128 cm nähen, der später 6 x in die entsprechenden Längen geteilt wird (oder 6 Streifen à 4 x 32 cm zuschneiden), jeweils rechts auf rechts längs zusammenfalten, mit 0,5 cm Nahtzugabe an der langen Seite absteppen und verstürzen. Für die Schlaufen, in die die Vorhangstangen eingelegt werden, aus hellem Baumwollköper 4 Streifen à 8 x 12 cm zuschneiden und wie zuvor verarbeiten.

Wände

Aus hellem Baumwollköper 2 Rechtecke à 115 x 126 cm (linke/rechte Seite) und 2 Rechtecke à 91 x 126 cm (Vorder-/Rückseite) zuschneiden.

2 Fensterrahmen und 1 Türrahmen (Formbesätze, nach außen gewendet)

Für den Türrahmen aus dunkelblauem Denim 1 Rechteck à 53 x 85 cm und nach Belieben aus rotem Baumwollkarostoff 2 Streifen à 6 x 85 cm zuschneiden. Für den Fensterrahmen aus rotem Baumwollkarostoff und Volumenvlies je 2 Quadrate à 39 x 39 cm zuschneiden.
2 Fensterabsätze bzw. 1 Türrahmenbesatz lt. Schemazeichnung mit der linken Seite auf die jeweiligen linken Wandseiten auflegen. Um die Fensterrahmen plastischer zu machen, Volumenvlies auf der rechten Seite des beigefarbenen Wandstoffes feststecken. Die Fenstergrößen (je 27 x 27 cm) und Türgröße (41 x 69 cm) auf den jeweiligen Rahmenstoff aufzeichnen und entlang der Markierung mit dem Geradstich absteppen, dabei die Ecken mit kleinem Geradstich oder doppelt nähen. Innerhalb der abgesteppten Kante die Fenster bzw. die Tür mit füßchenbreitem Abstand zur Naht herausschneiden. Zur Befestigung der Vorhangstangen bzw. der Tür jetzt die Schlaufen (2 pro Fenster) bzw. die rauen

Hälften der Klettstreifen (passend zu den Gegenstücken an der Tür) aufnähen, damit diese Nähte später nicht sichtbar sind. Die Ecken bis kurz vor die Naht einschneiden, ggf. die Naht ausbügeln. Die Fenster- bzw. den Türrahmen zur äußeren Wandseite hin umschlagen. Die Breite des Rahmens (5 cm) abmessen und überstehende Stoffkanten abschneiden. Nach Belieben zur zusätzlichen Verzierung und Betonung des Türrahmens die beiden roten Baumwollkarostreifen an den Längskanten auf den Formbesatz der Tür nähen. Hierzu die Kanten der Karostreifen einschlagen und rechts und links der Tür auf den Formbesatz aufstecken (alternativ auf Hälfte legen und zwischen die Längskanten des Formbesatzes fügen, siehe Foto). Am Besatz einen schmalen Saum an der Schnittkante entlang nach innen falten, feststecken. Alle aufgesteckten Teile mit Geradstich und farblich passendem Ober- und Unterfaden schmalkantig absteppen. Tür von innen annähen.

Hundehütte

Für den Eingang aus hellblauem Baumwollstoff und Vliesofix je 1 Rechteck à 47 cm Höhe x 54 cm Breite zuschneiden. Für das Dach aus rotem Baumwollkarostoff und Volumenvlies je 1 Rechteck à 20 x 60 cm zuschneiden. Für den Eingang aus dunklem Denim 1 Quadrat à 47 x 47 cm zuschneiden.
Auf die Unterseite des hellblauen Stoffes Vliesofix aufbügeln, Schutzpapier abziehen und lt. Schemazeichnung auf die Oberseite der beigefarbenen Wand aufbügeln. An zwei je 4 cm schmalen Streifen aus Karostoff die Kanten je 1 cm einschlagen und rechts und links über die aufgebügelten hellblauen Kanten nähen (Gesamtbreite 58 cm). Den Stoff für das Dach der Hundehütte lt. Schemazeichnung abrunden, mit Volumenvlies unterlegen, alle Schnittkanten 1 cm nach innen einschlagen und auf der rechten Stoffseite der Wand mit dem Geradstich aufnähen. Das Dach mit mehreren Stichbahnen parallel zum Fadenlauf absteppen.
Den Eingang mit Türrahmen, wie für den Türrahmen beschrieben, anfertigen, jedoch ohne Klettband und Schlaufen. Der Rahmen ist hier 3 cm breit.

Blumen und Blumenkasten

Aus Stoffresten Stiele, Blätter und Blüten nach Belieben gestalten. Zwei Blüten rechts auf rechts gegengleich zuschneiden, jeweils bis auf eine Wendeöffnung schmalkantig zusammennähen, Rundungen und Ecken einschneiden und verstürzen. Die Wendeöffnungen von Hand mit Matratzenstich schließen. Die Oberkante des Blumenkastens unter dem Fenster markieren. Nicht verstürzte Blumenstiele, Blätter und Blüten mithilfe von Vliesofix flach applizieren und die Kanten mit einem dichten Zickzackstich befestigen. Verstürzte Blumen von Hand punktuell aufnähen.
Für den Blumenkasten aus quer gestreiftem Baumwollstoff und Volumenvlies 1 Rechteck à 12 x 56 cm zuschneiden. Baumwollstoff mit Volumenvlies hinterbügeln, die Kanten 1 cm nach innen umschlagen und knappkantig entlang der Kanten an der markierten Position aufnähen, dabei die unteren Kanten der Stiele etwas überdecken.

Fertigstellen

Für die Dach-Außenseite aus rotem Baumwollköper
1 Rechteck à 90 x 114 cm und für die Dach-Innenseite
aus hellem Nesselstoff 1 Rechteck à 90 x 114 cm
zuschneiden.

Die 6 Schlaufen auf die rechte Seite des Daches
(möglichst mit dem Dreifachstich) mit 1 cm Nahtzugabe aufnähen (jeweils 1 Schlaufe an den Ecken
und je 1 mittig an einer langen Kante). Die Enden der
Schlaufen müssen mind. 2 cm an der Schnittkante
nach außen überstehen. Alle Schlaufen in Richtung
Mitte des Daches aufnähen. Dann nach und nach
die Bistro-Bogenkanten und dann die Wände (alles
rechts auf rechts) auf das Dach mit dem Gerad-, Drei-
fach- oder Zickzackstich aufnähen, dabei am Anfang
und Ende der Naht die Nahtzugabenbreite frei lassen.
Anschließend die Decke des Häuschens (innere
Dachseite/Nesselstoff) aufnähen (Schlaufen, Bistro-
Bogenkanten und Wände noch nicht nach außen
klappen), wobei eine kurze Wandseite zum Hinein-
schieben der Platte offen bleibt.

Die Kanten und Ecken zusammennähen. Alle Kanten
versäubern, die unteren Schnittkanten zweimal
2 cm umbügeln und schmalkantig absteppen. Alles
verstürzen.
Die Kapa-Platte zwischen Dach und Decke zur Ver-
besserung der Stabilität einschieben.
Sie kann zum Waschen des Häuschens entnommen
werden.

2 Vorhänge

Aus Vorhangstoff 2 Rechtecke à 38 x 42 cm zuschneiden, ringsum versäubern, jeweils eine kurze Kante als
Tunnel 3 cm zur linken Seite umschlagen und festnähen. 1 Vorhangstange in den Tunnel einschieben
und an den Fensterschlaufen im Inneren einhängen.

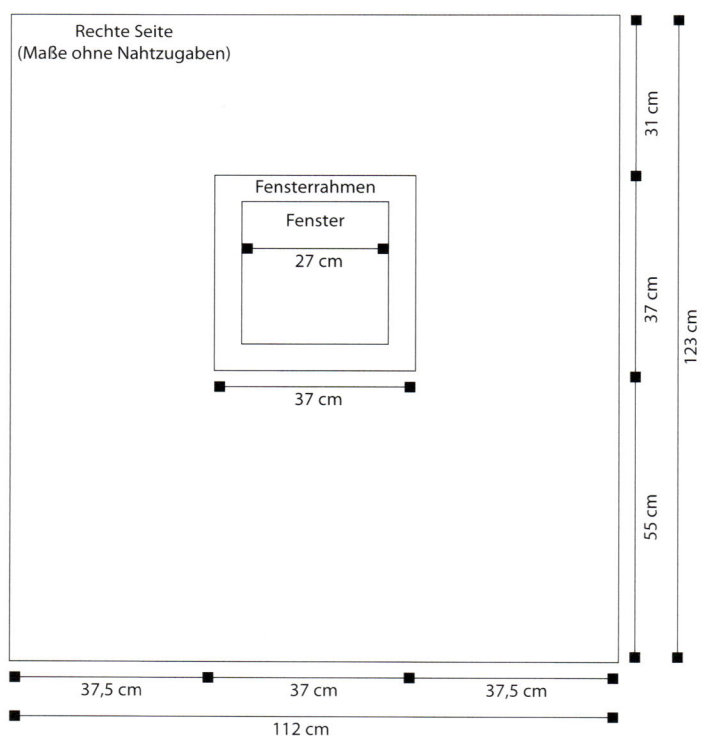

Rechte Seite
(Maße ohne Nahtzugaben)

Fensterrahmen
Fenster
27 cm

37 cm

31 cm

37 cm

123 cm

55 cm

37,5 cm   37 cm   37,5 cm
112 cm

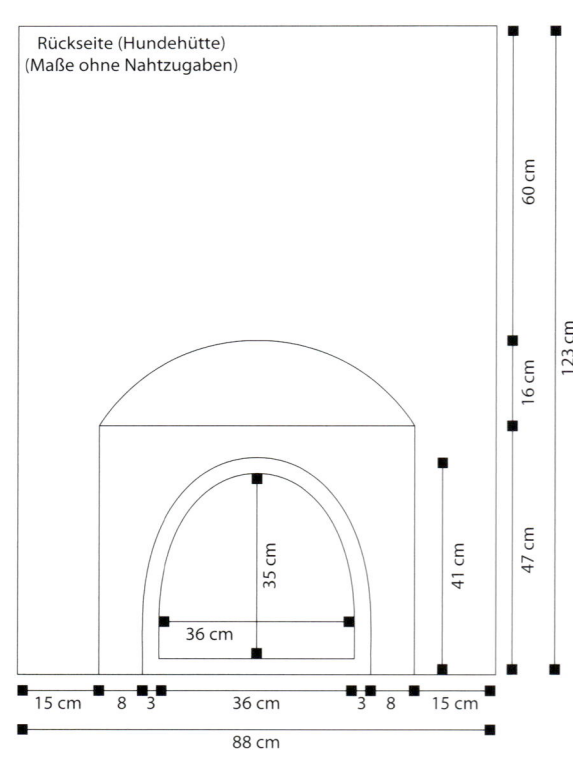

Rückseite (Hundehütte)
(Maße ohne Nahtzugaben)

60 cm

35 cm

16 cm

123 cm

36 cm

41 cm

47 cm

15 cm   8   3   36 cm   3   8   15 cm
88 cm

Spielmöglichkeiten

- Fantasie- und Rollenspiele
- Versteckspiele
- Platz zum Verweilen (Rückzugsort)

Detailzeichnung Tür (Vorderseite)
(Maße ohne Nahtzugaben)

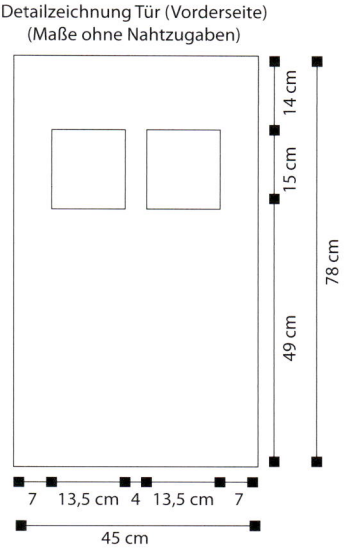

14 cm
15 cm
49 cm
78 cm
7   13,5 cm   4   13,5 cm   7
45 cm

Türgriff
(Maße ohne Nahtzugaben)
(Wende-öffnung)

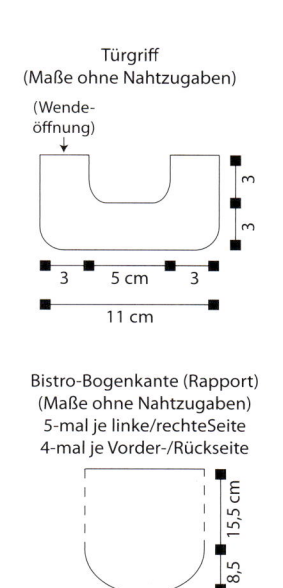

3   5 cm   3
11 cm
3
3
3

Bistro-Bogenkante (Rapport)
(Maße ohne Nahtzugaben)
5-mal je linke/rechteSeite
4-mal je Vorder-/Rückseite

15,5 cm
8,5
22 cm

Linke Seite
(Maße ohne Nahtzugaben)

Fensterrahmen
Fenster
27 cm
37 cm

Blumenkasten
54 cm

31 cm
37 cm
11
10
34 cm
123 cm

112 cm

Vorderseite
(Maße ohne Nahtzugaben)

Türrahmen
Tür
(siehe Detailzeichnung)
41 cm

83 cm

40 cm
5
69 cm
9
123 cm

18,5 cm   51 cm   18,5 cm
88 cm

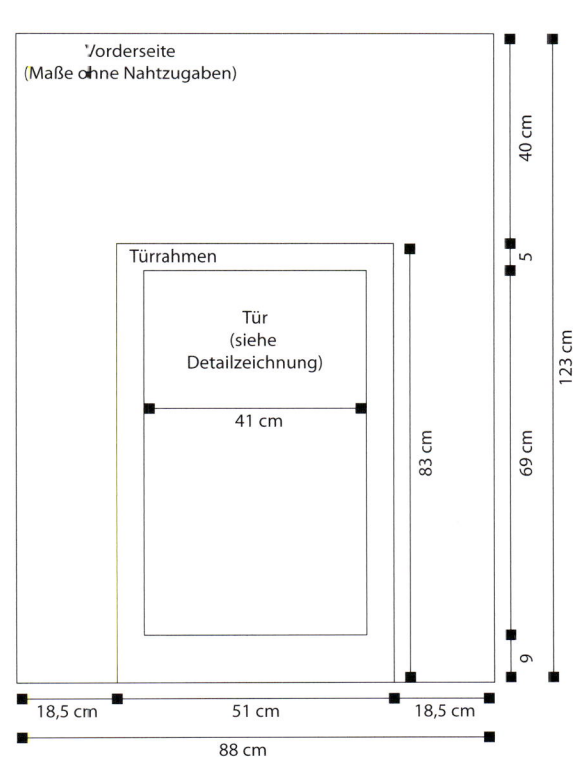

Bildbauklötze

MATERIAL

12 Bauklötze
- 12 Würfel aus Schaumstoff à 25 x 25 x 25 cm
- Baumwollköper, 140 cm breit: 30 cm in Rot, 60 cm in Dunkelblau, 160 cm in Hellblau, 30 cm in Dunkelgrün, 130 cm in Hellgrün, 30 cm in Weiß, 120 cm in Gelb (Würfelbezüge)
- Baumwollköper in verschiedenen Farben: Reste (Applikationen)
- 12 Reißverschlüsse à 50 cm
- Vliesofix und Stickvlies (je nach Anzahl und Größe der Applikationen)

Klettmotive
- Klettband (beide Hälften): ca. 30 cm in Olivgrün und in Grau
- Reste unterschiedlicher Stoffarten (flauschig/glatt) in verschiedenen Farben
- verschiedene Stoffe in Weiß (zotteliger Stoff für Schafe, schimmernder Stoff für Iglu, Woll- oder dicker Bastelfilz für Schneemann)
- Modellierfilz in Weiß, Rot, Orange, Gelb, Flieder, Violett (Blüten), in Braun (Igel-, Schafsköpfe, Beine)
- Igelstoff in Braun
- Rupfen in Braun (Obstkorb)
- Stoffe in Hell- und Dunkelgrün (Baumkrone)

HILFSMITTEL
Textilkleber oder Buchbinderleim

VORLAGEN
Seite 38–39: Schemazeichnungen Frühling/Sommer/Herbst/Winter; Seite 101–105: Apfel, Baumkrone 1–2, Baumstamm, Blatt (Baum), Blüte 1–2, Blüte (Baum), Blumenblatt, Blumenblätter mit Stiel, Busch, Hase, Igel, Mond, Obstkorb, Schaf, Schnee, Schneemann, Stern 1–2, Tulpe, Vogel, Wiese, Wolke 1–2; Vorlagenbogen B: Iglu

BAUEN, VERSTECKEN, PUZZELN

… das macht Spaß! Viel Bewegung ist dabei: Räumliches Denken ist gefordert, Formen und Farben der Würfel werden passend zu den Jahreszeiten aneinandergefügt. Zusätzlich können Motive mithilfe des aufgenähten Klettbandes auf den Schaumgummi-Bauklötzen angeklettet werden.

SO WIRD'S GEMACHT
Maße inkl. 1 cm Nahtzugabe, Applikations- und Klettmotive ohne Nahtzugabe.

Vorbereiten
Für alle Seitenflächen der Würfelbezüge den Baumwollköper in Quadrate à 27 x 27 cm in folgender Anzahl zuschneiden: 4-mal rot, 10-mal dunkelblau, 22-mal hellblau, 2-mal dunkelgrün, 16-mal hellgrün, 2-mal weiß, 16-mal gelb. Alle Zuschnitte ringsum versäubern.

Applikationen
Motive lt. Vorlagen und Schemazeichnungen ausarbeiten und mithilfe von Vliesofix auf die Quadrate aufbügeln. Stickvlies unter die Quadrate legen, die Kanten ringsum mit einem dichten Zickzackstich mit Stickgarn befestigen.

Klettmotive
Die Umrisse der Motive lt. Vorlagen auf Modellierfilz übertragen und ausschneiden. Bei dreilagigen Teilen die beiden oberen Lagen aufeinandersteppen. Die unterste Lage mit Klettband versehen: Klettband (beide Seiten) in Stücke schneiden, die Länge variiert je nach Motivgröße. Auf der Rückseite in der Mitte des Modellierfilzes die Häckchenseite des Klettverschlusses mit dem Geradstich knappkantig aufnähen.

Das mit Einzelheiten ausgestaltete Motiv mit Textilkleber auf die rechte Seite des entsprechenden Zuschnitts aus Modellierfilz kleben. Die flauschige Seite des Klettverschlusses knappkantig auf die Würfelflächen an der gewünschten Stelle feststeppen.

12 Würfelbezüge

4 Seitenteile eines Würfels zum Schlauch zusammennähen, dabei am Anfang und Ende jeder Seitennaht 1 cm frei lassen. Die linke Seite des Schlauchs ist außen. Die Oberseite des Würfels mit der rechten Stoffseite kantenbündig an allen vier Seitenteilen feststecken und zusammennähen. Die Unterseite des Würfels nur an 2 nebeneinanderliegenden Seiten zusammennähen.

An den zwei offenen Seiten den Reißverschluss rechts auf rechts verstürzt einarbeiten (Naht nur von innen sichtbar). Eine Reißverschlusshälfte über zwei Kanten der Seitenteile als gerade Strecke einsetzen und festnähen. Die andere Reißverschlusshälfte verläuft über die Ecke des Bodenquadrats. Damit sich der Reißverschluss besser um die Ecke legt, diesen einige Millimeter einschneiden. Das Reißverschlussband mit einigen Stichen von Hand fixieren. Überstehenden Reißverschluss ggf. kürzen und versäubern, alle Nähte auseinanderbügeln.

Die Bezüge über die Schaumstoffwürfel ziehen und Reißverschlüsse schließen.

Schemazeichnung Frühling (1 Kästchen = 5 cm; 1 Würfelfläche = 25 x 25 cm)
Blüten (Baum) und Blumenköpfe als Anklettmotive gestalten.

Schemazeichnung Herbst (1 Kästchen = 5 cm; 1 Würfelfläche = 25 x 25 cm)
Blätter und Busch als Anklettmotive gestalten.

Schemazeichnung Sommer (1 Kästchen = 5 cm; 1 Würfelfläche = 25 x 25 cm)
Äpfel und Korb als Anklettmotive gestalten.

Schemazeichnung Winter (1 Kästchen = 5 cm; 1 Würfelfläche = 25 x 25 cm)
Schneemann als Anklettmotiv gestalten.

Spielanleitung

Inhalt: 12 Schaumgummi-Bildbauklötze mit Klettmotiven

Spielverlauf

Die Bauklötze eignen sich insbesondere zum Bauen von Häusern, Höhlen oder Verstecken. Werden die 12 Bauklötze neben- und aufeinandergestellt, entsteht ein Bild. Dieses zeigt jeweils ein Haus und dessen Umgebung zu einer der vier Jahreszeiten.

Das entstandene Bild kann man auch als Puzzle nutzen. Die Fenster lassen sich z. B. nach Belieben durch Drehen variieren. Auch können die Bauklötze durch weitere bunte oder applizierte Blöcke ergänzt oder auch reduziert werden. Auf einige Bauklötze können Klettmotive angeklettet werden, wie z. B. Blüten auf einer grünen Wiese oder Tiere auf einem grünen Hintergrund.

 bis

Motiv-Klettbuch

MATERIAL
Für 2 Doppelseiten (außen grün, innen grau).

- Baumwollköper in Dunkelgrün und Grau, 150 cm breit: je 30 cm
- Volumenvlies: 70 x 75 cm
- 2 Kordeln à 30 cm
- Klettband (flauschige Hälfte), farblich passend zum Baumwollköper, 30–35 cm in Olivgrün, 70 cm in Grau (bzw. Menge je nach Anzahl der gewünschten Motive)
- Stickvlies und Vliesofix
- Polyesternäh- und Maschinenstickgarn, farblich passend und mit Glitzereffekt für das Iglu

Motive ankletten macht Spaß und hilft beim Aufräumen

Das genähte Büchlein kann so viele „Seiten" haben und Motive enthalten, wie gewünscht werden. Es enthält die flauschigen Hälften des Klettbandes, um die Motive anzubringen und aufzubewahren, die auch auf die Schaumgummi-Bildbauklötze angeklettet werden können. Schön daran ist, dass die Kinder auch ohne die Bauklötze mit dem Stoffbuch spielen können.

SO WIRD'S GEMACHT
Maße inkl. 2 cm Nahtzugabe.

Aus dunkelgrünem und grauem Baumwollköper je 2 Rechtecke à 28 x 66 cm zuschneiden. Aus Volumenvlies 2 ebenso große Rechtecke zuschneiden. Ein Rechteck ergibt zwei „Buchseiten". Die rechte Hälfte eines dunkelgrünen Rechtecks aus Baumwollköper als vordere Außenseite gestalten, z. B. mit 3 Würfelapplikationen (mithilfe von Vliesofix leicht überlappend aufbügeln und entlang der Kanten mit dichtem Zickzackstich applizieren) oder mit Stickereien von Hand oder mit der Maschine.
Die flauschige Hälfte des Klettbandes je nach Größe der Klettmotive in 2–5 cm lange Stücke schneiden, auf dem Baumwollköper passend platzieren und knappkantig doppelt feststeppen, dabei die Platzie-

rung der geplanten Motive wie auch die spätere Faltung in der Mitte und die Nahtzugabe beachten. Je 2 gleichfarbige Rechtecke des Baumwollköpers rechts auf rechts bündig übereinanderlegen. Die Kordeln an den Seiten mittig und nach innen gerichtet zwischen die Stofflagen legen und feststecken (diese liegen nun nicht sichtbar innen). Das Volumenvlies bündig darunterlegen.
Alle Lagen gut feststecken (ggf. heften) und ringsum entlang der Nahtmarkierung bis auf eine 10 cm lange Wendeöffnung in der Mitte einer Strecke nähen. Die Nahtzugaben an den Ecken beschneiden, verstürzen. Die Wendeöffnung von Hand mit Matratzenstich schließen.
Die zweite Buchseite aus grauem Stoff ebenso nähen. Beide Doppelseiten aufeinanderlegen und in der Mitte senkrecht zusammensteppen. Das Buch zuklappen und mit den Kordelenden eine Schleife binden.

Schwierigkeitsgrad: ✱✱ 8–12 Std. 35 x 30 cm

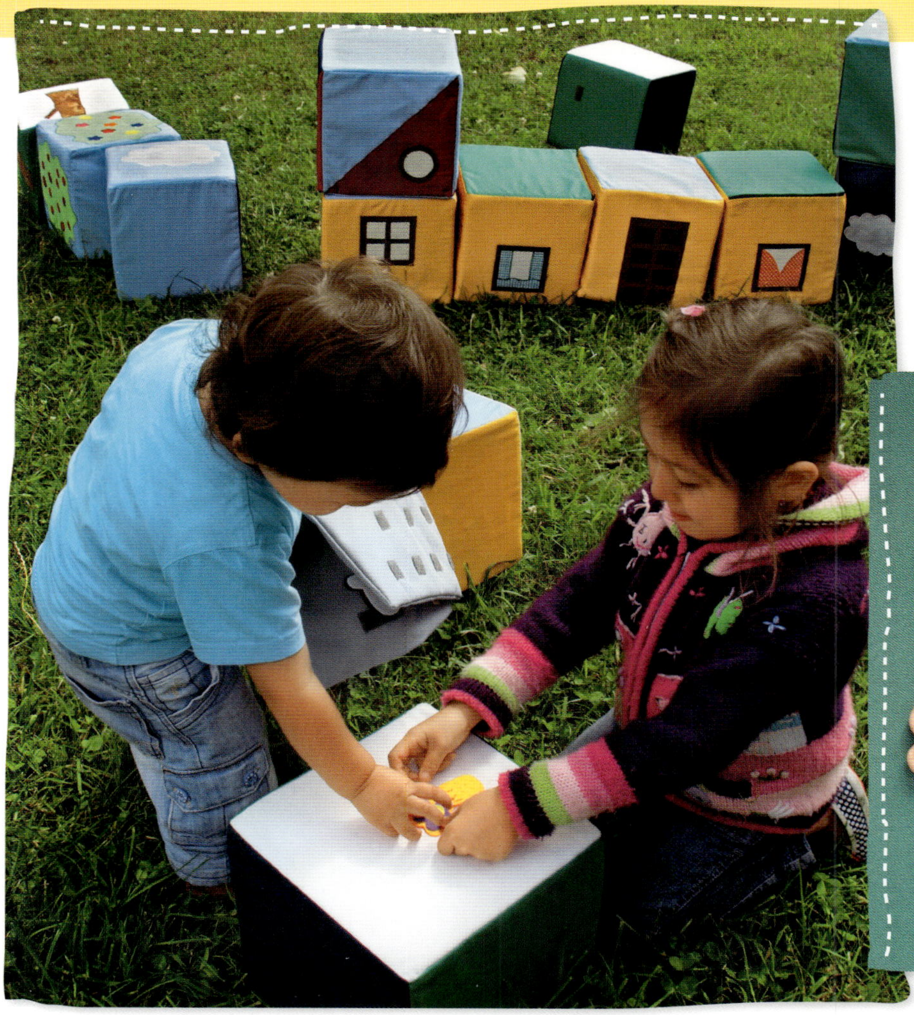

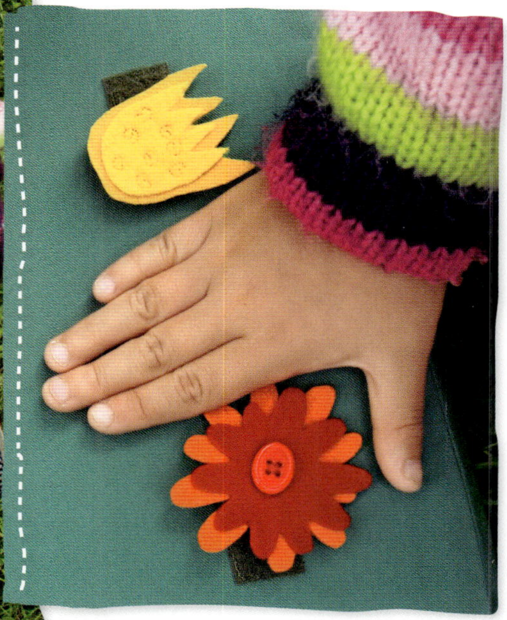

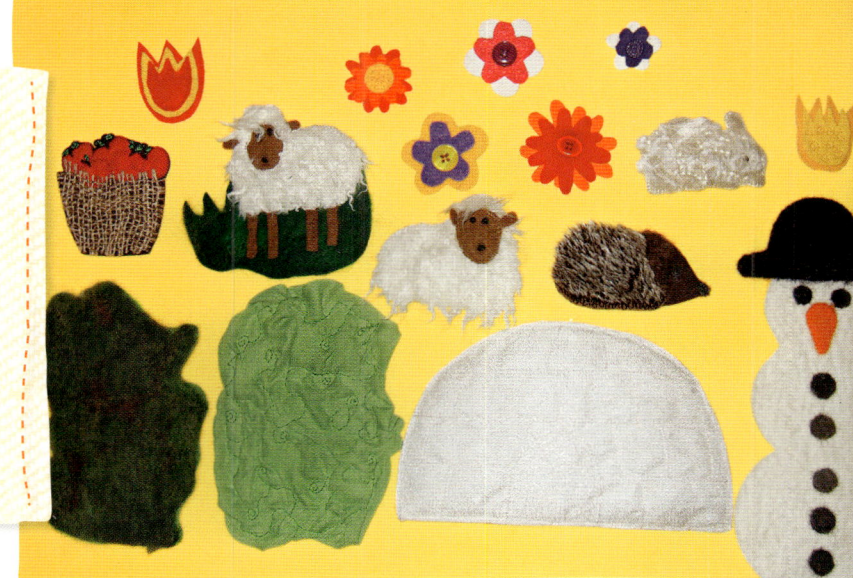

TIPP
Das Buch kann in jedem individuell gewünschten Maß genäht werden!

Spielanleitung

Die Motive können sowohl einzeln bespielt werden, um sich damit Geschichten auszudenken, als auch für die Schaumgummi-Bauklötze, an die sie angeklettet werden können. Es kann vereinbart werden, dass die Motive zum Schluss wieder an der richtigen Stelle in das Buch einsortiert werden.

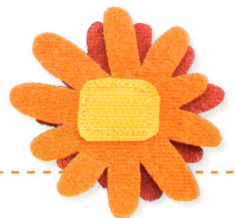

Geschicklichkeits- und Bewegungsspiele

Bewegung ist ein elementares Prinzip jeglichen Lernens und trägt zum Wohlbefinden bei. Die erworbenen koordinativen Fähigkeiten sind von großer Bedeutung für die kindliche Entwicklung. Textilien bieten Unterstützung, die Bewegungspotenziale des Körpers selbsttätig und im Dialog mit der Umwelt kennenzulernen und weiterzuentwickeln. Gefördert werden vor allem die Grob- und Feinmotorik. Aufbauend auf der textilen Fadenkonstruktion sind es beispielsweise Fadenspiele, Gummitwist, Spiele mit Seilen, Tauen und Bändern. Auf der textilen Fläche bauen Spiele mit Matten, Tüchern, Decken und Säcken auf. Auch der Ball – das zentrale Spielgerät – besteht überwiegend aus textilen Materialien. Bewegungsspiele können beruhigend und entspannend, aber auch aktivierend und ausgleichend sein. Sie lassen sich außerdem hervorragend mit Lernaufgaben kombinieren.

 bis

DREIBEINHOSE

MATERIAL

Hose
- Denim (Jeansstoff) bzw. ein vergleichbarer reißfester, stabiler Baumwollköper, 150 cm breit: ca. 260 cm
- Bügeleinlage, 90 cm breit: 30 cm (Träger, Bund)
- 2 Trägerschließen (Trägerbreite 3,5 cm)
- 2 Knöpfe, ø 2 cm (passend zum Knopfloch)
- Ripsband in Regenbogenfarben: für die Schlaufen der Schnallen: 3,5 x 24 cm; nach Belieben für zusätzliche Bandverzierungen an den Hosenbeinsäumen und entlang des vorderen Latzes: 3,5 x 130 cm

Applikationen (nach Belieben)
- Stoffreste, Bänder für Applikationen, Stickgarn, Stoffmalfarben, Volumenvlies, Vliesofix

VORLAGEN

Seite 104–106: Sonne, Schmetterling, Blume, Marienkäfer, Luftballon; Vorlagenbogen A/B: Hosenschnitt (7 Teile)

TIPP
Für diese Hose kann auch ein anderer einfacher, weiter Hosenschnitt je nach der gewünschten Größe verwendet werden. Um ein doppeltes mittleres Hosenteil zu bekommen, legt man lediglich das vordere bzw. rückwärtige Hosenteil mit der äußeren Seitennaht auf den Stoffbruch.

Ein Wettlauf zu zweit

Hier sind Geschicklichkeit und Teamwork angesagt. Die beiden Kinder, die in dieser Hose stecken, müssen sich einig sein. Denn nur zusammen können sie ihr Ziel erreichen. Dabei können auf einem Hindernislauf auch verschiedene Aufgaben erfüllt werden – ein Riesenspaß, bei dem Kinder viel über sich und andere lernen!

SO WIRD'S GEMACHT

Zuschneiden
Die Schnittteile in der angegebenen Menge zuschneiden, dabei an Nähten 1,5 cm, am Saum 4–6 cm Nahtzugabe zugeben. Bügeleinlage für Bund und Träger zuschneiden und auf die linke Stoffseite der Teile bügeln.

1 Vorderes seitliches Hosenteil: 2 x gegengleich
2 Vorderes mittleres Hosenteil im Stoffbruch: 1 x
3 Rückwärtiges seitliches Hosenteil: 2 x gegengleich
4 Rückwärtiges mittleres Hosenteil im Stoffbruch: 1 x
5 Vorderer Latz im Stoffbruch: 1 x
6 Rückwärtiger Latz im Stoffbruch: 2 x
7 Gesäßtasche: 2 x
8 Träger à 9 x 62 cm (inkl. 1 cm) zuschneiden: 2 x
9 Ripsband in Regenbogenfarben à 3,5 x 12 cm zuschneiden: 2 x
10 Formbesatz für Bund (innen liegend) für Vorder- und Rückenteile (als extra Schnitteil aus 1–4 abnehmen): je 1 x

Verzierungen
Zuerst alle gewünschten Verzierungen anbringen, z. B. Applikationen, Stickereien oder Bemalungen mit Stofffarbe (vgl. Fotos und Vorlagen).

Nähen

Anmerkung: Falls maschinentechnisch möglich, werden die Beinnähte der Hose mit einer Dreifachnaht genäht (siehe Seite 96), alternativ doppelt oder mit kleinem Geradstich (Stichlänge 1,5 mm) nähen.

Hose: Vorderes seitliches rechtes und linkes Hosenteil (von Nahtzahl 1 zu 3) vom Bund bis zum Schritt jeweils an das vordere mittlere Hosenteil heften, (falls möglich) mit einer Dreifachnaht zusammennähen und zusammengefasst versäubern. Ebenso mit den rückwärtigen Hosenteilen verfahren. Die Nahtzugaben zur Seite bügeln.
Die Gesäßtaschen ca. 10 cm unterhalb der Markierung des Bundes aufnähen.

Danach jeweils die Seitennähte (ganz außen liegend) versäubern, ab dem Untertritt bzw. Übertritt 1,5 cm breit absteppen und auseinanderbügeln.

Jeweils die inneren Beinnähte (Schrittnähte) rechts auf rechts liegend absteppen (alle Nahtzahlen 3 treffen aufeinander) und zusammen versäubern.
Dann die Schrittnähte der seitlichen und mittleren Hosenbeine mit doppelter Naht oder Dreifachstich rechts auf rechts liegend zusammennähen.

Angeschnittene Besätze für den seitlichen Schlitzverschluss (zum Schließen und Öffnen der Hose): Besätze mit Bügeleinlage verstärken.
Den Besatz am rückwärtigen Hosenteil entlang der seitlichen Nahtkante ganz nach innen einschlagen (= Übertritt). Am vorderen Teil den Besatz auf die halbe Breite (4,5 cm) einschlagen (Untertritt). Man kann auch umgekehrt verfahren (Übertritt am Vorderteil, Untertritt am Rückteil).

Träger (fertige Breite 3,5 cm): Beide Streifen jeweils der Länge nach rechts auf rechts zur Hälfte falten, entlang der Längskante zusammensteppen, bügeln, Ecken beschneiden und verstürzen und jeweils mit einer Schließenhälfte (Teil mit Verschlusszacken) versehen.

Laschen: Die Träger durch die Trägerschließen einziehen. Die Ripsbandteile für den vorderen Latz zur Hälfte legen (Bruchkante quer), jeweils das Lochteil der Trägerschließe in die Bruchkante der Lasche einlegen.

Latz: Die beiden rückwärtigen Latzteile rechts auf rechts legen, die fertigen Träger an der oberen geraden Kante zwischenfassen, sie zeigen dabei nach unten.

SPiEl/an/EiTung

Die Dreibeinhose ist flexibel einsetzbar. Planen Sie z. B. einen Hindernisparcours oder inszenieren Sie ein Wettlaufspiel mit je 2 (also 4) Kindern. Allerdings sind dann auch 2 Hosen erforderlich. Vor allem die abgestimmten Bewegungen der beiden Kinder in der Hose sollen dabei trainiert werden: Wie springt man gemeinsam am besten über ein Hindernis, kriecht durch das Gebüsch oder schafft es gemeinsam, eine Strecke ohne Stolpern zu laufen? Das stärkt den Gemeinschaftssinn und erfordert gegenseitige Absprachen.

Teile zusammennähen, bügeln und verstürzen. Rechte Seiten schmalkantig absteppen und verstürzen. Die untere, runde Kante zum Verstürzen offen lassen. Beim vorderen Latzteil (1 x) die seitlichen und oberen Kanten nach innen gerichtet säumen (je 1 cm einschlagen und umschlagen), die beiden Ripsband- laschen an den oberen Saumkanten vor dem Nähen seitlich mit einfügen (diese zeigen zunächst nach unten). Nach dem Säumen Laschen nach oben legen, dann durch alle Lagen mit doppeltem Nahtrechteck festnähen. Die untere Latzkante bleibt zunächst unversäubert.

Formbesatz für Bund (nach innen gerichtet): Den vorderen und rückwärtigen Latz jeweils rechts auf rechts kantenbündig mittig auf das mittlere Hosen- teil legen, die Lätze zeigen dabei nach unten. Den Formbesatz komplett bis zum angeschnittenen Schlitzverschluss rechts auf rechts darüberlegen, heften und absteppen. Die Teile bügeln, verstürzen und von der rechten Seite knappkantig schmal absteppen.
In den seitlichen Schlitzverschluss ein Knopfloch nähen bzw. einen Knopf annähen.

Saum: Die Saumzugaben der Hosenbeine mit Ein- schlag und Umschlag versehen und 2 cm breit fest- steppen. Nach Belieben zusätzliche Ripsbänder in Regenbogenfarben entlang der unteren Säume und unterhalb des vorderen Latzes aufsteppen.

Schwing mich!

Ein Bewegungstuch mit knisterndem Lerneffekt

Fällt der auf dem Schwungtuch hin und her rollende Ball in das eigene oder das gegnerische Loch? Wer kann die dem Loch zugehörige Zahl für sich addieren? Mit ganzem Körpereinsatz versucht jede Mannschaft, den Ball zu manipulieren, und muss gleichzeitig rechnen – ein Riesenspaß!

MATERIAL
- Schikarex (Drachenstoff) in Gelb: ca.145 cm breit, 210 cm
- Schikarex (Drachenstoff) in Blau und Rot, 145 cm breit: je 100 cm
- Tüll in Blau und Rot: je 80 x 80 cm
- 2 Bambusstangen, ø Loch 1 cm: 119 cm
- Farblich passendes Garn aus 100 % Polyester
- 1 Ball, ca. ø 6 cm, ca. 50 g

HILFSMITTEL
Transparentes Klebeband, Kugelschreiber

VORLAGEN
Seite 50: Schemazeichnung Schwungtuch

SO WIRD'S GEMACHT
Maße inkl. 0,75 cm Nahtzugabe.

Schwungtuch und Laschen
Hinweise zur Verarbeitung: Zum Nähen nur reines Polyestergarn verwenden! Anzeichnen mit einem Kugelschreiber, der jedoch nicht wieder zu entfernen ist. Diese Linien werden später weggeschnitten. Die Nähte dürfen nicht mit Nadeln festgesteckt werden! Jeder Nadelstich bleibt sichtbar, daher die Position mit transparentem Klebeband fixieren! Den Stoff nicht bügeln, die Nähte mit einem Stahllineal in die richtige Position pressen. Die Kanten können auch mit dem Heißschneider geschnitten werden.
Aus gelbem Schikarex für das Schwungtuch 122 x 202 cm zuschneiden. Aus blauem und rotem Schikarex für die schmalen Seiten je 2-mal 6,5 x 121 cm, für die äußeren seitlichen Laschen je 2-mal 10 x 15 cm und für die mittlere Lasche je 1-mal 6,5 x 15 cm zuschneiden.

2 rote Seitenstreifen mit einer der Querkanten des Schwungtuches bündig legen (dabei liegt das Schwungtuch zwischen beiden Streifen) und durch alle drei Lagen zusammennähen. Die Streifen auffalten, sodass die Nahtzugaben verdeckt werden. Die Nähte von der rechten Seite mit einem Lineal glatt streichen. Für die gegenüberliegende Seite mit den blauen Seitenstreifen wiederholen.
Für die mittleren Laschen je 1 roten und 1 blauen schmalen Zuschnitt (s. o.) an den Längsseiten mit einem Saum (0,75 cm Einschlag/Umschlag) versehen, für die äußeren seitlichen Laschen 2 rote und 2 blaue breitere Zuschnitte (s. o.) jeweils nur an einer Längsseite säumen, dann rechts auf rechts in Querrichtung falten, die noch offenen Längskanten zusammennähen und verstürzen. (Die Enden der Bambusstange werden dadurch an den Seiten festgehalten und am seitlichen Herausrutschen gehindert.) An den oberen Kanten die beiden noch offenen Seitenstreifen um Nahtzugabenbreite nach innen klappen.

Laschen zwischenfügen: Die mittleren Laschen in Querrichtung zur Hälfte legen (die äußeren Laschen liegen bereits auf Hälfte). Für die rote Seite die offenen Kanten der roten Laschen 1 cm tief zwischen die roten Seitenstreifen schieben. Die Seitenstreifen mit den zwischengefassten Laschen zusammensteppen. Für die 3 blauen Laschen und die blauen Seitenstreifen wiederholen.
Die Längsseiten des Spielfeldes mit 0,75 cm Einschlag und 0,75 cm Umschlag säumen.

TIPP

Mit den Reststoffen kann evtl. noch eine röhrenförmige Transporttasche mit einem Kreisboden und Tunnelzug gearbeitet werden (fertiger Umfang: 43 cm, Länge: 126 cm; Kreisboden: ø 13 cm). Das Spiel wird eingerollt, zusammen mit dem Ball eingefügt und mit einer Kordel (80 cm) zugezogen.

Löcher

8 Löcher mit ø 12 cm lt. Schemazeichnung aus dem Schwungtuch gleichmäßig verteilt ausschneiden. 4 Kreise mit ø 20 cm jeweils aus rotem und blauen Schikarex zuschneiden und in die Kreise außerdem jeweils noch ein Loch mit ø 12 cm ausschneiden. Je 4 Kreise mit ø 40 cm aus rotem und blauen Tüll zuschneiden. Diese jeweils 1 cm und 4 cm vom Rand entfernt 2-mal mit Stichlänge 4 steppen, ohne den Faden zu vernähen. An den Fadenenden ziehen und den Tüll auf die Größe der Löcher raffen. Den Tüll von oben durch das Loch stecken und von der rechten Seite mit zwei Nähten rings um das Loch feststeppen. Anschließend die aus Schikarex zugeschnittenen Ringe bündig über den aus dem Schwungtuch ausgeschnittenen Löchern ausrichten (der Tüllrand wird dadurch verdeckt) und ebenfalls mit zwei Nähten rings um das Loch aufsteppen.

Zahlen

Die Zahlen von 1 bis 8 auf dem Computer mit einem Textprogramm in Arial mit Schriftgröße 300 pt schreiben, ausdrucken und als Schablone verwenden. Die Zahlen 2, 4, 5, 7 aus dem blauen Stoff und die Zahlen 1, 3, 6, 8 aus dem roten Stoff zuschneiden. Zahlen auf das Spielfeld in der richtigen Ausrichtung (vgl. Schemazeichnung) neben die Löcher mit transparentem Klebeband festkleben und entlang der Ränder knappkantig feststeppen.

Bambusstangen

Die Bambusstangen auf die Länge der Querseiten anpassen, jeweils durch die mittlere und in die äußeren Laschen stecken.

Ball

Es wird außerdem noch ein leichter Ball mit ø 6 cm benötigt. Der Ball kann z. B. auch aus ca. 50 g Filzwolle gefilzt werden.

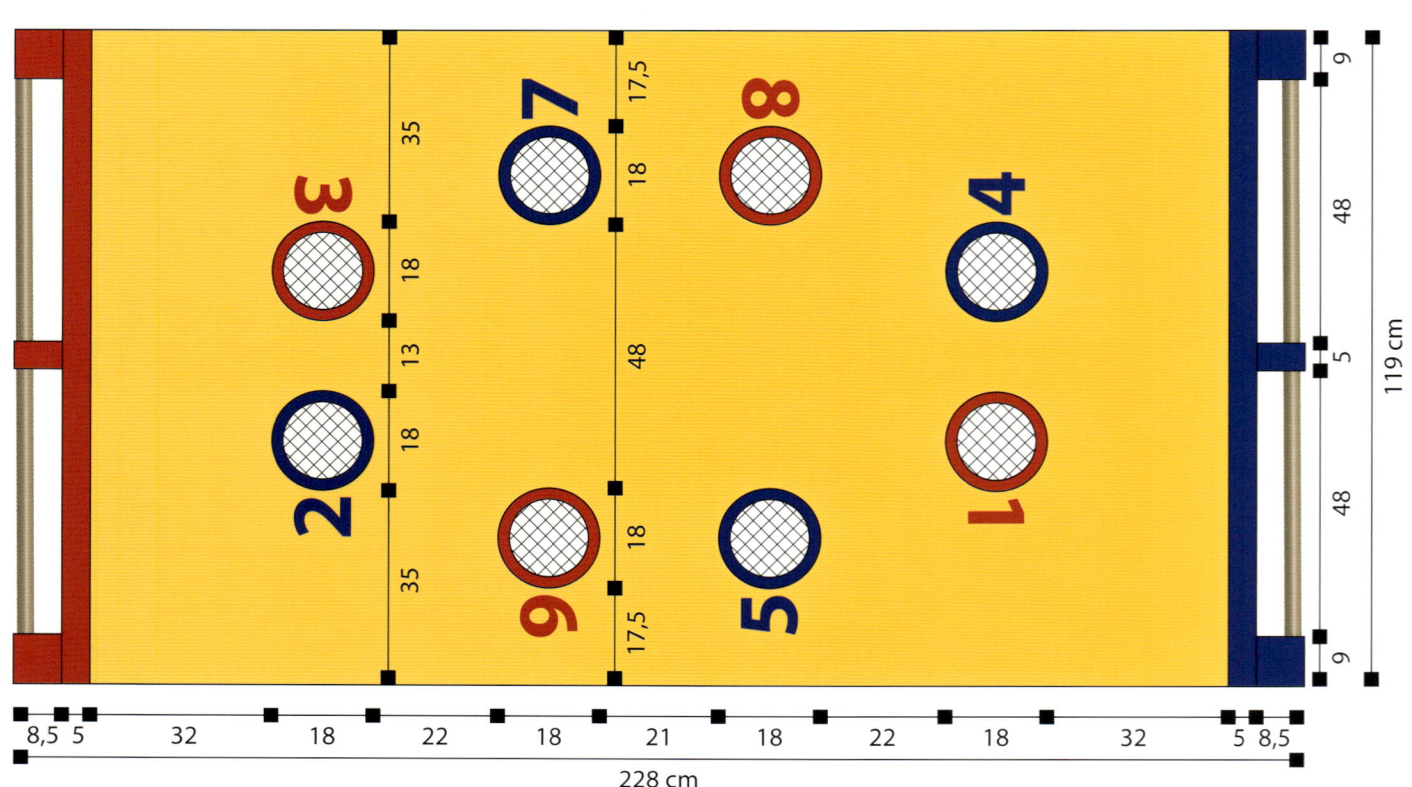

Spielanleitung

Inhalt: Schwungtuch, 1 Ball

Vorbereitung: Jede Mannschaft besteht aus 1 oder 2 Personen, die eine der beiden Stangen festhalten. Jeder Mannschaft wird eine Farbe (Rot oder Blau) zugeordnet, zu denen die rot bzw. blau umrandeten Löcher gehören. Die Spielregeln werden festgelegt (s. u.).

Spielverlauf

Der Ball wird in die Mitte des Schwungtuches gelegt. Das Schwungtuch wird ausschließlich durch die Bewegung an den Stangen bewegt.

Ein Spieler oder eine Mannschaft mit 2 Spielern beginnt. Sie soll den Ball in die Löcher der gegnerischen Mannschaft befördern. Die gegnerische Mannschaft versucht zu verhindern, dass der Ball in den eigenen Löchern landet. Bei jedem Treffer in ein Loch der gegnerischen Mannschaft werden die Ziffern, mit denen die Löcher beschriftet sind, addiert.

Spielende

Ziel des Spiels kann sein, eine möglichst hohe Punktzahl während eines festgesetzten Zeitraums (z. B. 10 Minuten) zu erreichen. Danach wird gewechselt, und die gegnerische Mannschaft beginnt, Punkte zu sammeln.

Alternative Spielideen

- Beide Mannschaften versuchen gleichzeitig, so viele Punkte wie möglich zu erreichen. Dabei zählt jede Mannschaft ihre eigenen Punkte. Ziel des Spiels kann eine bestimmte Punktzahl sein (z. B. 50) oder auch, eine möglichst hohe Punktzahl während eines festgesetzten Zeitraums zu erreichen.
- Die Ziffern werden multipliziert anstatt addiert.
- Die Löcher werden lediglich als „Tore" angesehen, ohne dass die Ziffern eine Bedeutung haben.
- Die Kinder können eigene Spielregeln aufstellen.

TIPP
Es ist sinnvoll, ein Kind als „Ballhüter" auszuwählen, das den Ball immer wieder aus den Säckchen holt und auf das Schwungtuch legt.

Auf den Spuren der Wildkatzen

MATERIAL

Spielfeld
- Baumwollköper in Hellgelb oder Sandfarbe, 150 cm breit: 270 cm
- Baumwollstoff, 140 cm breit: 15 cm in Mittelbraun, 200 cm in Ocker, 60 cm in Olivgrün (Hügel)
- Naturbast (Hügel)
- Bastelfilz: 100 x 100 cm in Mittelbraun, 60 x 60 cm in Dunkelbraun, 100 x 145 cm in Olivgrün (Baum)
- etwas Filzwolle in Grün- und Ockertönen
- Klettband (Hakenseite) in Dunkelbraun oder Schwarz, 2 od. 3 cm breit: 400 cm (Pfoten)
- Klettband (Flauschseite), farblich zu den Partien des Spielfelds passend: 200 cm (Spielfeld)
- Vliesofix, 90 cm breit: ca. 400 cm (Berge, Baum)
- Antirutschmatte: mind. 150 x 150 cm
- Stoffmalfarbe in Gelb und Orange

20 Tierspuren-Kissen
- Baumwollköper in Dunkelbraun, 150 cm breit: 370 cm
- 4 verschiedene Fellimitate (Gepard, Tiger, Giraffe, Zebra), 150 cm breit: je 50 cm
- Vliesofix, 90 cm breit: 150 cm

Drehscheibe
- Holzbrett, ca. 0,7 cm dick: 45 x 45 cm
- Sperrholz, 5 mm dick: 5 x 15 cm (alternativ 1 fertiger Pfeil aus Holz)
- Acrylfarbe in Gelb und Rot
- Holzschraube, Mutter, 2–3 Unterlegscheiben
- Reste der 4 verschiedenen Fellimitate

HILFSMITTEL

Schwamm oder Pinsel (Stoffmalfarbe), Pinsel (Acrylfarbe), Buchbinder- oder Holzleim, wasserfester Folienschreiber in Schwarz, ggf. Laubsäge (Pfeil), Schleifpapier (Holz), Bohrmaschine, Schraubenzieher

VORLAGEN

Seite 53/55: Schemazeichnungen Spielfeld und Drehscheibe; Seite 105: Hand, Fuß, Pfeil; Vorlagenbogen B: Tatze Gepard, Tatze Giraffe, Tatze Tiger, Tatze Zebra

Bewegung und Geschicklichkeit

Geschmeidig wie eine Wildkatze – strecken, recken und verharren – so bewegt man sich auf diesem Spielfeld. Auf diese Weise werden der Gleichgewichtssinn, das Abschätzen von Strecken und die räumliche Orientierung spielerisch gefördert. So lange wie möglich versucht jeder Spieler, auf dem Spielfeld zu bleiben, und darf das Spielfeld nur mit einer Hand und einem Fuß berühren. Die Tatzen sind mit flauschig weichen Fellimitaten ausgestattet und verführen zur intensiven Berührung.

SO WIRD'S GEMACHT

Maße inkl. 1 cm Nahtzugabe.

Spielfeld

Den sandfarbenen Köper vorwaschen und bügeln, passend auseinanderschneiden und auf ca. 205 x 180 cm neu zusammensetzen. Mit Schwamm oder Pinsel und verdünnter Stoffmalfarbe auf den Stoff tupfen, um die einheitliche Farbfläche zu „durchbrechen". Die Sonne mit gelber Farbe nur andeuten, diese wird später durch das Aufnähen der Berglandschaft teilweise überdeckt.

5x   5x   5x   5x

TIPP
Statt des sandfarbenen Baumwollköpers kann
auch ein weißes, gewaschenes Baumwollgewebe
mit Batikfarbe angefärbt werden, damit dieses
ein typisch „savannenartiges" Aussehen erhält.

Für die Hügellandschaft und den Vordergrund den mittelbraunen, ockerfarbenen und olivgrünen Baumwollstoff in freiem, leicht welligem Verlauf als überwiegend horizontal ausgerichtete Partien zuschneiden (vgl. Schemazeichnung), rückseitig mit Vliesofix versehen und auf den Grundstoff aufbügeln. Die Hügel auf dem Spielfeld überlappend platzieren, mit großzügigen Stichen aufheften. Nach Belieben gebündelte Baststreifen an den Kanten 4 cm tief einstecken und mit 1–2 cm Abstand zur Kante mit Geradstich und farblich passendem Garn festnähen, mit einer Nadel vorsichtig die Fransen herausziehen. Die beiden Bäume lt. Schemazeichnung auf Packpapier übertragen oder frei Hand auf Packpapier entwerfen. Das Packpapier auf mittel- bzw. dunkelbraunen Bastelfilz aufstecken und entlang der Kontur ausschneiden. Die Filzzuschnitte knapp entlang der Kanten mit farblich passendem Garn auf das Spielfeld aufnähen.

Für die Baumkronen den olivgrünen Bastelfilz lt. Schemazeichnung zuschneiden und durch freies Sticken mit der Maschine, durch Auffilzen von etwas Filzwolle mit der Trockenfilznadel oder durch Embellishen (Punchen) auf dem Spielfeld befestigen. Die flauschige Hälfte des Klettbandes in 20 Stücke à 10 cm schneiden und lt. Schemazeichnung auf der Oberseite des Spielfeldes ausrichten und festnähen. Das Klettband sollte jeweils eine ähnliche Farbe wie der Hintergrund haben.

Das Spielfeld rundum mit 2 cm Einschlag und 2 cm Umschlag versehen und den Saum knappkantig absteppen. Die Antirutschmatte auf der Rückseite mit Handstichen festnähen.

20 Tierspuren-Kissen

Aus dunkelbraunem Baumwollköper jede äußere Pfotenform (insg. 4 verschiedene Formen) lt. Vorlage mit ringsum 1 cm Nahtzugabe 10-mal zuschneiden, davon je 5-mal gegengleich. Jede der 4 verschiedenen inneren Pfotenformen je 5-mal seitenverkehrt auf die Papierseite des Vliesofix übertragen, großzügig ausschneiden und auf die Rückseiten der jeweiligen Fellimitate aufbügeln, dabei die Florrichtung des Fells beachten (siehe Pfeil auf der Vorlage), entlang der aufgezeichneten Linie exakt ohne Nahtzugabe ausschneiden. Das Trägerpapier abziehen, die Pfoten auf die rechte Seite des Baumwollköpers bügeln (dabei auf die richtige „Seite" des Kissens achten) und mit dem Geradstich entlang der Kanten absteppen.
Die Hakenseite des Klettbandes in 40 Stücke à 10 cm schneiden und auf die jeweils gegengleichen Zuschnitte des braunen Baumwollköpers (= Rückseite des Kissens, Position siehe Vorlage) nähen.
Je zwei gegengleiche Pfoten (Vorderseite mit Fell, Rückseite mit Klettband) rechts auf rechts bündig übereinanderlegen und ringsum bis auf eine 5 cm große Wendeöffnung zusammennähen. Nahtzugaben an Rundungen einknipsen, das Kissen verstürzen und die Wendeöffnung von Hand mit Matratzenstich schließen.

Drehscheibe

Das Holzbrett mit gelber Acrylfarbe bemalen. Mit einem wasserfesten Stift Linien lt. Schemazeichnung (Seite 55) einzeichnen und das Brett dadurch in 16 gleich große Abschnitte einteilen. Aus allen 4 verschiedenen Fellimitaten jeweils 2 Füße (rechter und linker) und 2 Hände (rechte und linke) ausschneiden, auf die Abschnitte der Drehscheibe verteilen und mit Buchbinder- oder Holzleim festkleben. Einen Pfeil aus Sperrholz aussägen, lt. Vorlage ein Loch bohren, Kanten mit Schleifpapier brechen und mit roter Acrylfarbe bemalen. Die Mitte der Drehscheibe etwas anbohren und den Pfeil mit Schraube und Unterlegscheiben eindrehen. Der Pfeil soll leicht zu drehen sein.

SPIELANLEITUNG

Inhalt: Spielfeld, 20 Tierspuren-Kissen, Drehscheibe

Vorbereitung: Die Tierspuren-Kissen in beliebiger Anordnung auf das Spielfeld kletten (die Klettbänder von Spielfeld und Fußabdrücken liegen jeweils im rechten Winkel aufeinander). Ein Spieler ist nur für die Drehscheibe verantwortlich. Die Reihenfolge der Spieler wird festgelegt.

Spielverlauf

Der für die Drehscheibe verantwortliche Spieler dreht den Pfeil im Uhrzeigersinn und wartet, bis dieser zum Stillstand kommt. Gemäß Hand- und Fußumrissen und Felloptik platziert der Spieler, der an der Reihe ist, die linke/rechte Hand oder den linken/rechten Fuß auf die entsprechende Pfote auf dem Spielfeld. Es hat immer nur 1 Hand oder 1 Fuß Bodenkontakt!
Je mehr Spieler, desto kleiner ist die Auswahl der möglichen Pfoten. Ein schon besetztes Feld darf nicht mehr benutzt werden. Der Spieler muss das nächste freie Feld suchen. Falls keines mehr frei sein sollte, muss der Pfeil erneut gedreht werden. In der nächsten Runde wird die Hand/der Fuß neu platziert. Sobald ein Spieler das Gleichgewicht verliert und sich hinsetzt, scheidet dieser aus dem Spiel aus.

Spielende

Gewonnen hat derjenige Spieler, der als Letzter die Balance halten kann.

Pinguin-Kegeln

MATERIAL

Spielfeld und Applikationen

- Baumwollköper in Weiß (Vorderseite) und in Hell-
  blau (Rückseite), gewaschen und gebügelt:
  je 130 x 210 cm
- Stoffmalfarben in Weiß und Blau
- Vliesofix, 90 cm breit: ca. 100 cm (je nach Größe
  der Eisberge und Wale)
- Weiße und hellblaue „schimmernde" Stoffreste
  für die Eisberge, z. B. Satin, Moiré, Tüll, Organza,
  Metallicgewebe etc.
- Farblich passendes Nähmaschinengarn mit
  Glitzereffekt

7 Pinguine (gehäkelt)

- Ca. 300 g schwarzes, mercerisiertes Glanzhäkel-
  garn mit Glitzereffekt aus 100 % Baumwolle und
  Metallicfaden (kann auch aus zwei Garnen zusammen verhäkelt werden), Lauflänge ca. 125 m/50 g
- ca. 140 g weißes Flauschgarn
- ca. 50 g orangegelbes Garn
- 50 g flusiges Effektgarn in Schwarz
- 14 Augen zum Annähen, ø 8–10 mm
- Synthetische Füllwatte als Füllmaterial
- Schwarzer Bastelfilz (Reste)
- Fester Karton (für bessere Standfestigkeit)
- 7 Filmdöschen von Negativfilmen
- Material zum Beschweren (in die Filmdosen
  einfüllen)

2 Wurfbälle

- 2 Tennisbälle
- Filzwolle in 2 beliebigen Farben: je ca. 20–30 g

HILFSMITTEL

Große Pinsel, Schwämme oder Schaumstoffpinsel,
Häkelnadel Nr. 3–3,5, Filzzubehör zum Nassfilzen

VORLAGEN

Seite 59: Schemazeichnung Spielfeld; Seite 103:
Walflosse, Walkopf, Wellen (nach Belieben
vergrößern, spiegeln, verändern)

Ein antarktisches Kegelspiel für klein und groß

Viel Bewegung ist im Spiel, wenn es darum geht, wer
die meisten Pinguine geschickt umkegelt. Wie
bei allen Ballspielen wird hier eine gute Hand-Augen-
Koordination gefördert und die Motorik durch das
Kegeln trainiert. Auch das Zählen und Addieren von
Zahlen im Zehnerraum wird geübt. Die
Wahrnehmung des Balles und der kuscheligen
Pinguine geschieht unbemerkt. Weisen Sie die Kinder
vor dem Spielen darauf hin, dass dies nur ein Spiel
ist und man lebende Tiere nicht bewerfen darf.

SO WIRD'S GEMACHT

Maße inkl. 3 cm Nahtzugabe.

Spielfeld

Für die Vorder- und Rückseite aus einem 130 x 210 cm
großen weißen und hellblauen Baumwollköper
je ein identisches Oval zuschneiden. Den weißen
Stoff (Vorderseite) mit einem großen Pinsel oder
Schwamm und stark verdünnter Stoffmalfarbe in
verschiedenen kühlen Blautönen bemalen. Nach
Trocknung die Farbe lt. Herstellerangaben fixieren.

Motive (Eisberge, Wale) applizieren

Größe und Lage der Eisberge nach Belieben durch
Zuschneiden und Auflegen von Papierresten bestimmen (vgl. Fotos). Die entsprechende Vorlage spiegel-
verkehrt auf die Papierseite des Vliesofix übertragen,
dabei auch den Fadenlauf einzeichnen, großzügig

Schwierigkeitsgrad: ✱✱

8–10 Std., 6 Std. (pro Pinguin)

120 x 200 cm (Spielfeld), 22 cm hoch (Pinguin)

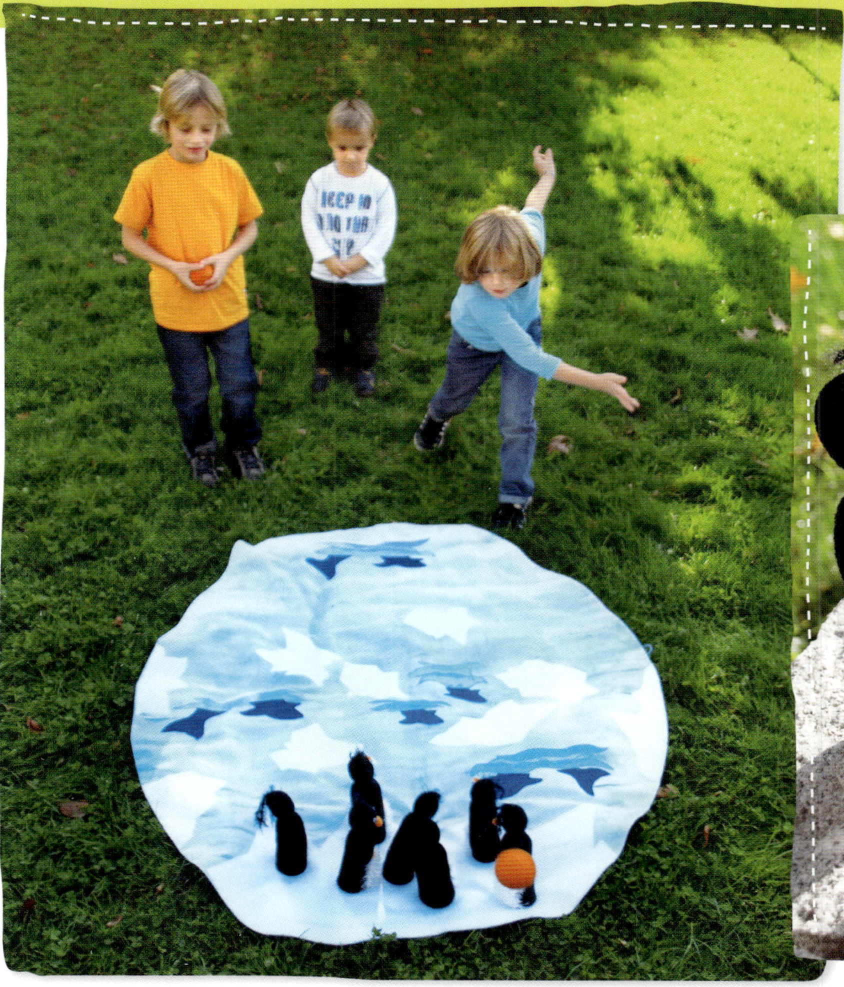

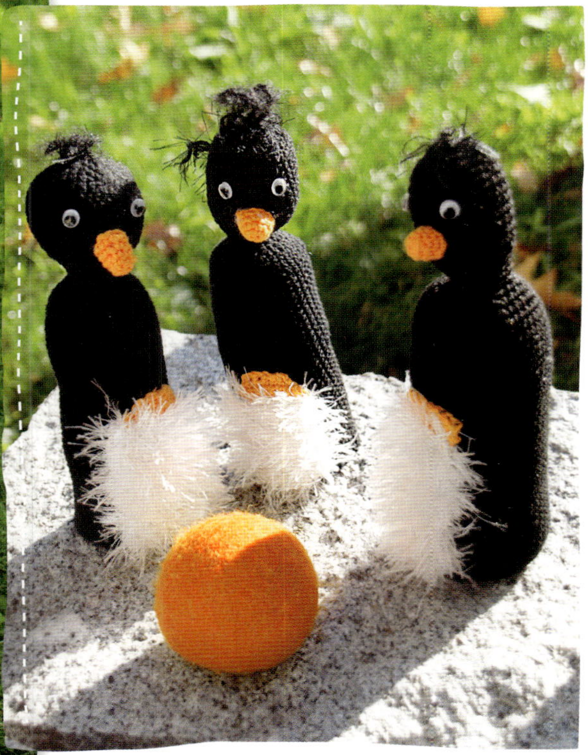

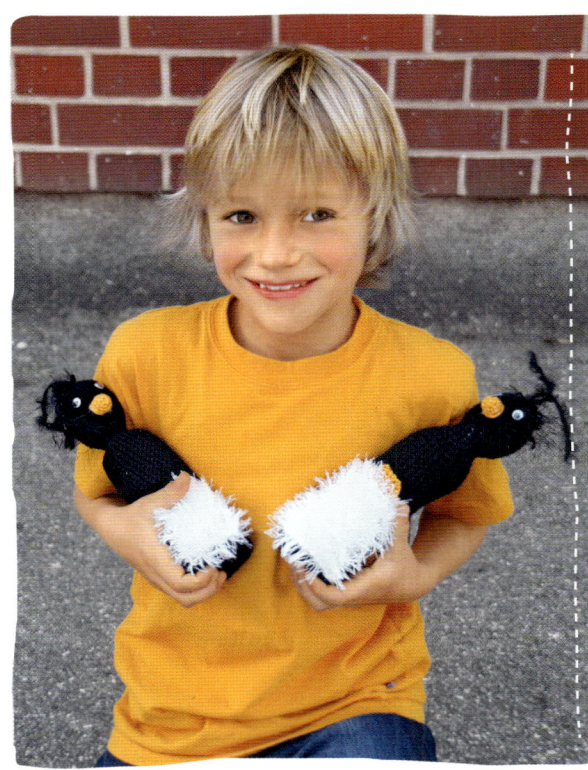

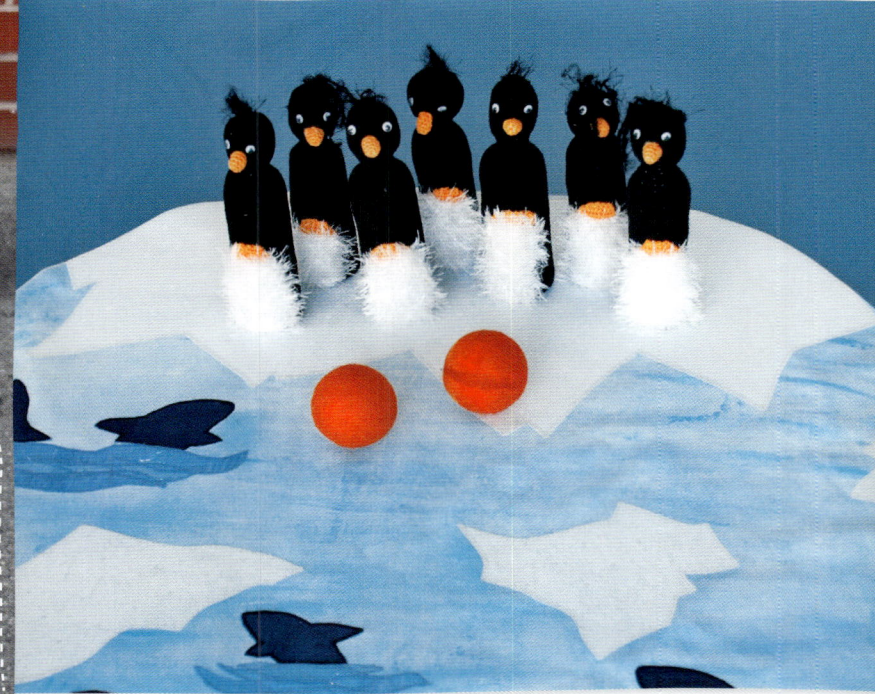

ausschneiden, auf die linke Seite des Applikationsstoffes aufbügeln (Fadenlauf beachten), Motive exakt zuschneiden und die Papierschicht abziehen. Die Applikationsteile im Fadenlauf auf die rechte Seite des Hintergrundstoffes bügeln und die Kanten mit dichtem Zickzackstich überdecken.

Die Wale (bestehend aus Walkopf und Walflosse) lt. Vorlage teilweise beschneiden, damit sie optisch aus dem Wasser herauszukommen scheinen, und wie die Eisberge applizieren. Die Wellen lt. Vorlage oder nach Belieben aus dünnen, transparenten hellblauen Effektstoffen (Tüll, Organza, metallische Stoffe) zuschneiden und jeweils 3 bis 5 davon übereinanderlegen. Die Stoffe ohne Vliesofix auf das Spielfeld applizieren. Auch innerhalb der Applikationsteile wellen- und augenförmige, in sich geschlossene Felder mit der Maschine sticken, in diesen entweder die erste oder zwei Stofflagen vorsichtig herausschneiden. Zum Schluss das Oval der Vorderseite und das hellblaue Oval der Rückseite rechts auf rechts bündig übereinanderlegen und bis auf eine Wendeöffnung (an einer möglichst nur leicht geschwungenen Strecke) ringsum zusammennähen. Die Nahtzugaben an den Rundungen einknipsen oder Dreiecke herausschneiden, ohne die Naht zu verletzen, auseinanderbügeln und verstürzen. Die Wendeöffnung von Hand mit Matratzenstich schließen.

7 Pinguine

Die Pinguine werden in Spiralrunden mit festen Maschen gehäkelt. Dafür 6 feste Maschen in eine Fadenschlinge häkeln. Alle weiteren Runden am Rundenübergang nicht mit einer Kettmasche schließen, sondern direkt in die 1. feste Masche der Vorrunde einstechen. Somit endet jede Runde mit einer festen Masche, und die nächste beginnt auch wieder mit einer festen Masche. Damit der Rundenbeginn erkennbar bleibt und die Runden gezählt werden können, diesen mit einem kontrastfarbenen Faden, den man zwischen die letzte Masche einer Runde und die 1. Masche der folgenden Runde legt, kennzeichnen. Den Markierungsfaden vor jeder neuen Runde im Wechsel nach vorne bzw. nach hinten legen. Zum Schluss den Markierungsfaden herausziehen.

Körper (Beginn am Kopf): *1. Runde:* Mit Schwarz 6 feste Maschen (fM) in eine Fadenschlinge häkeln. *2. Runde:* 2 feste Maschen (fM) in jede Masche (M) der Vorrunde (VR) (= 12 M); *3. Runde:* 2 fM in jede 2. M der VR (= 18 M); *4. Runde:* 2 fM in jede 3. M der VR (= 24 M); *5. Runde:* 2 fM in jede 4. M der VR (= 30 M); 9 Runden ohne Zunahme häkeln; *15. Runde:* Jede 4. M überspringen (= 24 M); *16. Runde:* Jede 3. M überspringen (= 18 M); 3 Runden ohne Abnahme häkeln; *20. Runde:* 2 fM in jede 2. M der VR (= 24 M); *21. Runde:* 2 fM in jede 3. M der VR (= 30 M); *22. Runde:* 2 fM in jede 4. M der VR (= 36 M). Nach ca. 22 cm Gesamthöhe (ggf. bis zu dieser Höhe ohne Zunahme häkeln) die Arbeit beenden (den Arbeitsfaden abschneiden und durch die letzte Schlinge fest anziehen).

Nase: *1. Runde:* Mit Gelb 3 fM in eine Fadenschlinge häkeln. *2. Runde:* 2 fM in jede Masche der VR (= 6 M); 2 Runden ohne Zunahme häkeln, die Arbeit beenden.

Bauch: Den Bauch in Reihen häkeln. *1. Reihe:* Mit Gelb 6 Luftmaschen (Lfm) anschlagen; *2. Reihe:* In die 2. Lfm eine fM (= 5 M); restl. M abhäkeln;

Spielanleitung

Inhalt: Spielfeld, 7 Pinguine, 2 Bälle

Vorbereitung: Alle 7 Pinguine in zwei Reihen versetzt auf der großen Scholle am oberen Rand aufstellen. Je nach Alter stellen sich die Spieler direkt an den Spielfeldrand (die jüngeren Kinder) oder einen Schritt vom Rand weg (die älteren Kinder).

Spielverlauf

Die Bälle werden auf dem Boden in Richtung der Pinguine gerollt, um sie zum Umfallen zu bringen. Jeder Spieler hat 3 Versuche. Danach wird gezählt, wie viele Pinguine umgekegelt wurden. Das sind die erreichten Punkte. Die Pinguine werden neu aufgestellt. Dann ist der nächste Spieler dran. Es werden 10 Runden gespielt und die Punkte der einzelnen Runden zusammengezählt.

Spielende

Der Spieler mit den meisten Punkten hat gewonnen.

Alternative Spielideen

Die 7 Pinguine kann man auch auf die einzelnen Schollen verteilen und dann in einer vorher festgelegten Reihenfolge umkegeln.

3. Reihe: Arbeit wenden, alle M abhäkeln, je 2 fM in die 1. und die letzte Masche der VR (= 7 M);
4. Reihe: Arbeit wenden, alle Maschen abhäkeln;
5. Reihe: Arbeit wenden, alle M abhäkeln, je 2 fM in die 1. und letzte Masche der VR (= 9 M);
6. Reihe: Arbeit wenden, alle M abhäkeln, je 2 fM in die 1. und letzte Masche der VR (= 11 M);
7. Reihe: Mit weißem Effektgarn bis zur gewünschten Länge weiterhäkeln.

Nase und Bauch auf den Körper nähen. Mit schwarzem Effektgarn Haare knüpfen (mithilfe der Häkelnadel). Pinguin mit Füllmaterial fest stopfen, zusätzlich ein mit schwererem Material (Sand, Granulat, Steinchen) gefülltes Filmdöschen hineingeben. Aus Karton und Filz einen Kreis in Größe der Standfläche des Körpers ausschneiden, Filz in gleicher Größe zuschneiden. Den Pappkreis zum Abschluss in den gefüllten Körper einlegen. Den Boden mit dem Filzkreis vernähen und damit verschließen.

2 Wurfbälle

2 Tennisbälle in einer Farbe mit der Nassfilztechnik mit Filzwolle umfilzen.

200 cm

120 cm

Lern- & Wettbewerbsspiele

Das notwendige Üben und Vertiefen kann durch Lern- und Wettbewerbsspiele wesentlich intensiver und wirkungsvoller gestaltet werden, denn sie ermöglichen individuelle Arbeitstempi, praktische Lernphasen und differenzierte Übungsangebote zur Anwendung und Vertiefung des Gelernten. Spielerisch kann eine Schärfung der Beobachtung und der Aufmerksamkeit sowie der geistigen Betätigung erfolgen. Die vorgestellten Spiele sind so konzipiert, dass Wissensinhalte erweitert oder auch ausgetauscht werden können. Darüber hinaus wird die Gruppe als Gemeinschaft gestärkt, weil die teilnehmenden Kinder mithilfe der Übungen ihre Spielgefährten bewusster wahrnehmen und so zwischenmenschliche Beziehungen und individuelle Charakterzüge besser verstehen lernen.

Angelspiel

MATERIAL

Spielfeld
- Baumwollköper in Hell- und Dunkelblau: je 125 x 125 cm (Vorder-/Rückseite)
- Aufbügelbares Volumenvlies, 90 cm breit: 200 cm
- Bastelfilz: 50 x 50 cm in Weiß, 20 x 30 cm in Hellblau, je 10 x 10 cm in Rot/Dunkelblau/Gelb/Grün (Lauffelder)
- Bastelfilz: je 10 x 10 cm in Beige/Dunkelblau, 10 x 15 cm in Dunkelrot, je 15 x 20 cm in Gelb/Dunkelgrün, je 20 x 25 cm in Hellgrün/Lila, 20 x 30 cm in Hellblau; Filzreste in Orange, Weiß und Hellgrau (Spielfeldmotive)
- Vliesofix, 90 cm breit: 80 cm

4 Spielfiguren (Segelschiffe)
- 1 Holzstab, ø 0,5 cm: 40 cm lang
- 1 Holzleiste: 3 x 24 x 0,5 cm
- Bastelfilz in Dunkelblau, Rot, Gelb und Grün: jeweils 10 x 10 cm

4 Angeln
- 4 Holzstäbe, ø 1 cm: 75 cm lang
- 4 Magnete, ø 12 mm (mit nur geringer Haftkraft!)
- 2 m weiße Kordel
- 4 Muttern, ø 0,5 cm
- 4 verzinkte Schrauben: 12 x 0,4 x 2 mm
- Acrylfarbe in Gelb, Rot, Grün, Blau

Aufgabenfische/Lösungskärtchen
- Buntpapier, Wackelaugen (ø 6 mm), Laminierfolie, Briefmusterklammern (je nach Anzahl der Aufgabenfische)

Aquarium
- Dunkelblaue Wellpappe: 40 x 164 cm
- Laternenpapier (stark) mit Fischmuster: 40 x 160 cm

1 Würfel

HILFSMITTEL

Heißkleber, Sekundenkleber, Klebstift, Pinsel, Laubsäge, feines Schleifpapier für Holz, ggf. Lochzange

VORLAGEN

Seite 65: Schemazeichnung Spielfeld; Seite 106–109: Lauffeld, Fisch auf Lauffeld, großer Fisch, Delfin 1, Delfin 2, Krake, Seepflanze, Seepferdchen, Seestern, Segel, Aufgabenfisch, Lösungskärtchen

Rechenaufgaben angeln mit viel Spaß!

So macht Kopfrechnen Spaß! Jeder Fisch, der mithilfe der Magnet-Angeln geangelt wird, hält eine Rechenaufgabe mit versteckter Lösung bereit. Aber auch für andere Lerninhalte kann der Aufgabenfisch eingesetzt werden. So können auch Buchstaben, Vokabeln oder Noten geübt werden.

SO WIRD'S GEMACHT
Maße inkl. 1 cm Nahtzugabe.

Spielfeld
Aus hell- und dunkelblauem Baumwollköper sowie aus aufbügelbarem Volumenvlies je 1 Quadrat à 122 x 122 cm zuschneiden (bzw. zusammensetzen). Das Volumenvlies auf die Rückseite der Vorderseite (hellblau) bügeln. Aus den Ecken Viertelkreise (Radius 30 cm) lt. Schemazeichnung ausschneiden. Vorder- und Rückseite bis auf eine Wendeöffnung rechts auf rechts ringsum zusammennähen. Die Nahtzugaben an den Rundungen einknipsen, an den Ecken beschneiden, verstürzen und bügeln. Die Wendeöffnung von Hand mit Matratzenstich schließen.

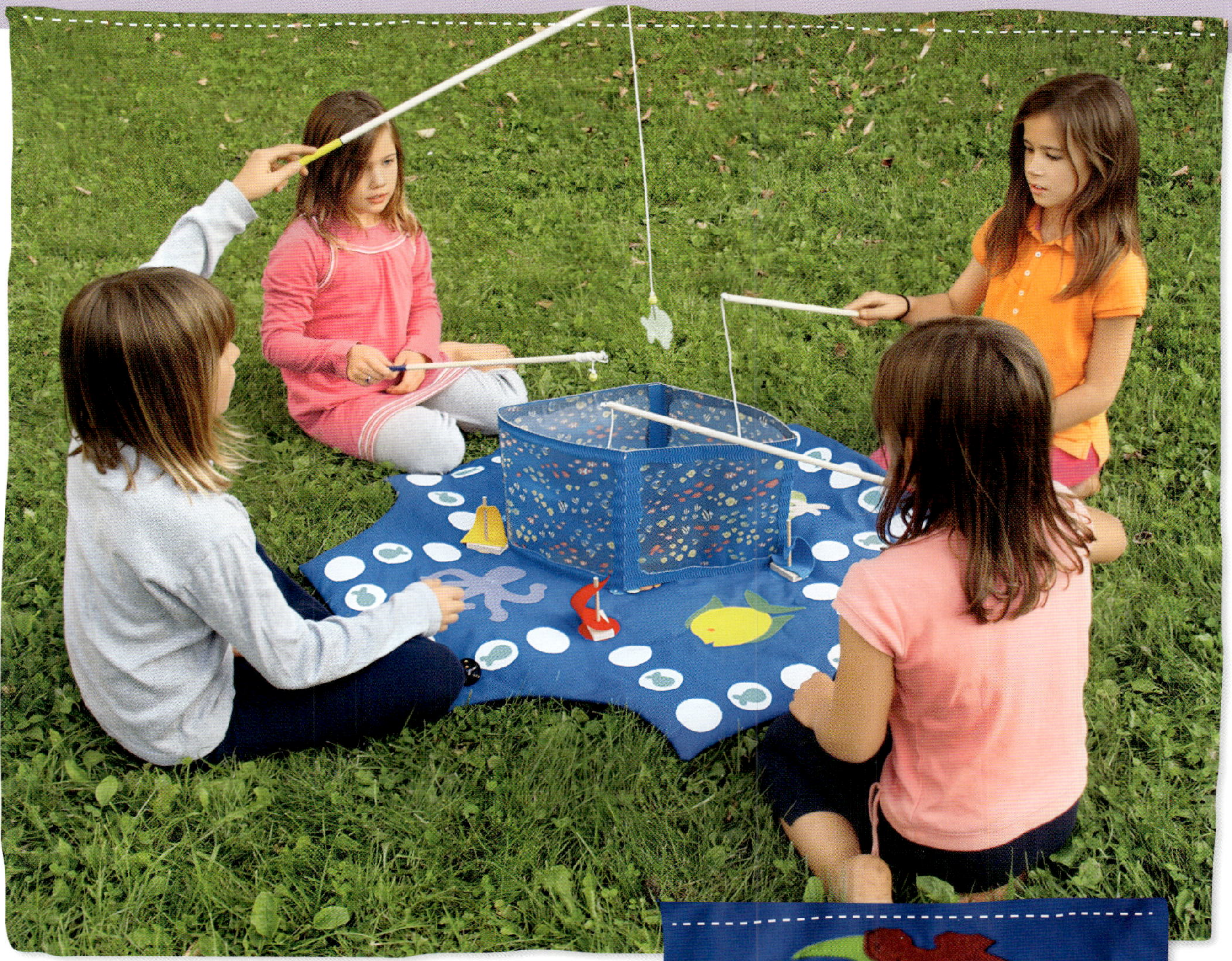

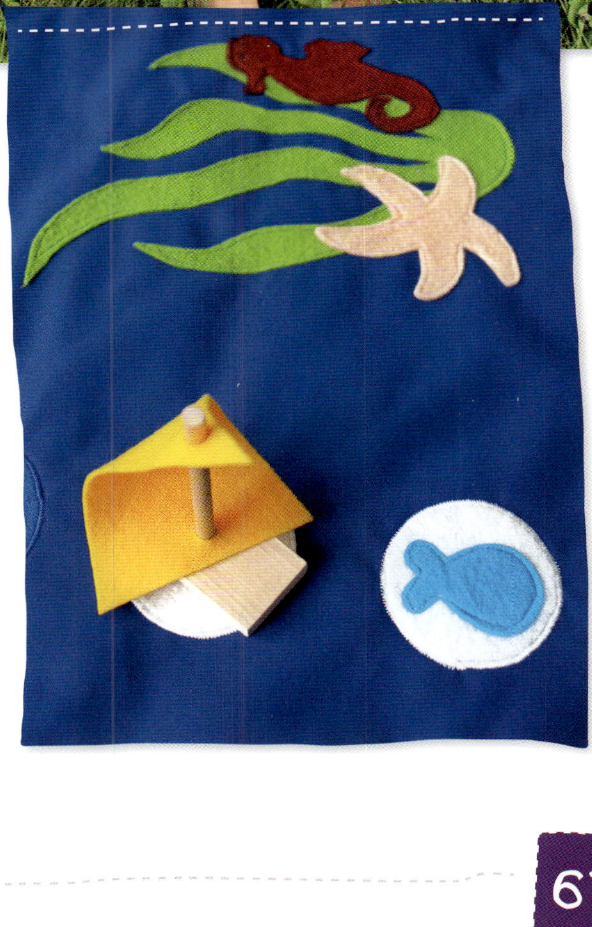

Lauffelder

40 Kreise und 16 Fische (seitenverkehrt) auf die Papierseite des Vliesofix übertragen, das großzügig zugeschnittene Vliesofix auf den Filz (Farben wie folgt) bügeln: 36 weiße Kreise und für die Startfelder jeweils 1 gelben, blauen, grünen und roten Kreis zuschneiden. Das Trägerpapier der Kreise abziehen, lt. Schemazeichnung auf dem Spielfeld ausrichten (der Abstand zwischen den Lauffeldern beträgt ca. 4 cm), aufbügeln, ringsum mit einem engen Zickzackstich applizieren. 16 Fische für Lauffelder aus hellblauem Filz zuschneiden, Trägerpapier abziehen und mittig auf die weißen Kreise aufbügeln, Fische mit Geradstich ringsum knappkantig absteppen.

21:3=

Spielfeldmotive (Krake, Delfine etc.)

Motive seitenverkehrt auf die Papierseite des Vliesofix übertragen, das großzügig zugeschnittene Vliesofix auf den Filz bügeln (Farben siehe Foto), ausschneiden, das Trägerpapier abziehen und auf das Spielfeld aufbügeln, ringsum mit einem Satinstich applizieren.

4 Spielfiguren (Segelschiffe)

Holzleisten in 4 Stücke à 7 cm und Holzstäbe in 4 Stücke à 10 cm sägen. Kanten mit Schleifpapier brechen. Auf die Holzleisten jeweils 1 Holzstab mit Heißkleber als Mast kleben. Je 1 Segel aus gelbem, blauem, grünem und rotem Filz zuschneiden, zwei Löcher stanzen oder ausschneiden, auf den Mast stecken.

4 Angeln

Die 4 Holzstäbe jeweils am unteren Ende (25 cm) mit Acrylfarbe in Gelb, Rot, Grün oder Blau bemalen. Am anderen Ende eine verzinkte Rundschraube mit einer 50 cm langen weißen Kordel befestigen. Jeweils auf einen Magneten eine Mutter hochkant mit Sekundenkleber ankleben. Die Kordel durch die Mutter ziehen und fest verknoten.

Aufgabenfische/Lösungskärtchen

Die Vorlagen in gewünschter Anzahl auf Buntpapier übertragen, die Aufgabenfische mit Rechenaufgaben (je nach Lernstand der Spieler) und die Lösungskärtchen (farblich mit den Fischen übereinstimmend) mit den zugehörigen Lösungen beschriften. Ausschneiden, laminieren, nochmals ausschneiden, lochen. Auf jeden Fisch ein Wackelauge mit Heißkleber aufkleben. Aufgabenfisch und passendes Lösungskärtchen mit einer Musterklammer zusammenfügen. Die Lösung wird sichtbar, wenn das Kärtchen zur Seite gedreht wird.

Aquarium

Aus Wellpappe 4 Rechtecke à 40 x 41,5 cm zuschneiden. An den langen Kanten 1,5 cm anzeichnen und zur Rückseite falten (= Klebekante). Ein Rechteck von 36 x 36 cm mittig aus der quadratischen Fläche ausschneiden (es bleibt ein Rahmen von 2 cm Breite + 1 Klebekante stehen). Aus Laternenpapier 4 Quadrate à 38 x 38 cm zuschneiden und mit einem Klebstift hinter die Fenster auf die Rückseite der Wellpappe kleben. Die 4 Seitenwände an den Klebekanten mit Heißkleber zum Aquarium zusammenkleben. Zur Stabilisierung die Innenecken ggf. mit zusätzlichen, aufgeklebten Streifen aus Wellpappe verstärken.

SPIELANLEITUNG

Inhalt: 1 Spielfeld mit Aquarium, 1 Würfel, 4 Spielfiguren, 4 Angeln, Aufgabenfische mit Lösungs-kärtchen

Vorbereitung: Spielfeld ausbreiten, Aquarium in die Mitte stellen und die Aufgabenfische hinein-legen. Jeder Spieler wählt eine Farbe, erhält eine Angel und ein Segelschiff mit seiner Farbe. Das Segelschiff wird auf das farblich passende Startfeld gestellt.

Spielverlauf

Der jüngste Spieler beginnt. Reihum würfeln und die Spielfiguren entsprechend der gewürfelten Augenzahl gegen den Uhrzeigersinn bewegen (in Richtung der Fische auf den Lauffeldern). Die Lauffelder lösen Aktionen aus. *Weißes Feld:* Der nächste Spieler ist an der Reihe. *Lauffeld mit Fisch:* Der Spieler angelt einen Aufgabenfisch aus dem Aquarium und muss die Aufgabe, die auf dem Aufgabenfisch steht, lösen. Zur Kontrolle wird das Lösungskärtchen zur Seite geschoben. *Ist die Antwort richtig*, darf der Spieler noch einmal würfeln und die gewürfelte Zahl mit seiner Spielfigur vorrücken. *Ist die Antwort falsch*, bleibt der Spieler stehen, und das Spiel wird fortgesetzt.

Spielende

Der Spieler, der zuerst sein Startfeld wieder erreicht, gewinnt das Spiel.

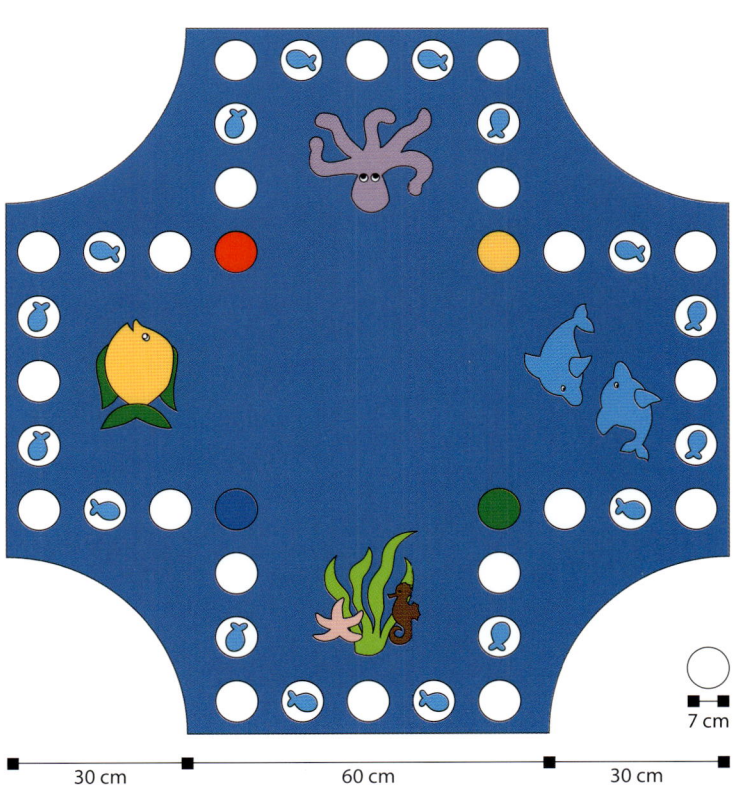

30 cm   60 cm   30 cm

7 cm

Alternative Spielideen

Inhalt

Je nach Alter der Spielteilnehmer kann mit den Aufgabenfischen auch noch Folgendes geübt werden:

• **3.–4. Klasse:** *Englischvokabeln:* Auf dem Aufgabenkärtchen steht ein eng-lisches Wort, auf dem Lösungskärtchen die deutsche Übersetzung.

• **1.–4. Klasse:** *Notenlesen:* Auf dem Aufgabenkärtchen ist eine Note auf Notenlineatur gezeichnet, auf dem Lösungskärtchen steht der Name der Note (c', d', e' etc.).

• **Kindergarten, 1. Klasse:** *Alphabet:* Auf dem Aufgabenkärtchen ist ein Gegenstand abgebildet, auf dem Lösungskärtchen steht der Anfangs-buchstabe (hier müsste auch ein Erwachsener dabei sein, um die rich-tige Aussprache des Einzelbuchsta-bens zu kontrollieren).

Buchstabenchaos

MATERIAL

- Köpergewebe (Baumwolle/Polyester) in Schwarz, 150 cm breit: 230 cm
- Baumwollköper in Gelb, Grün, Rot, Blau, 150 cm breit: je 50 cm
- Fahnentuch (als Baumwollgewebe) in Schwarz, 160 cm breit: 100 cm
- Aufbügelbares Volumenvlies, 90 cm breit: 140 m (Buchstabenfelder)
- Mehrere Döckchen Sticktwist in Schwarz und Silber
- Klettband in Schwarz: 240 cm
- Silberfarbenes Schrägband, vorgefalzt, 5 cm breit: 720 cm
- Antirutsch-Gummimatte: ca. 130 x 200 cm
- Synthetische Füllwatte (Würfel)

HILFSMITTEL

Stoffkreidestift, Trickmarker

VORLAGEN

Seite 68: Schemazeichnung Spielfeld; Vorlagen-bogen A: Pyramidenwürfel, Linke(r) Hand/Fuß

TIPP
Wer die Buchstaben nicht auf die Kreise sticken möchte, kann sie auch mit Stoffmalfarbe malen oder aufdrucken, alternativ Buchstaben aus Stoff oder Bastelfilz ausschneiden und sie mithilfe von Vliesofix applizieren.

Buchstaben und Geschicklichkeit

Vom Erlernen der Buchstaben bis hin zur Erweiterung des Begriffswissens für unterschiedliche Themenbereiche geht es hier in verschiedenen Schwierigkeitsstufen je nach Alter der Spieler. Gleichzeitig werden Körperbeherrschung und Gleichgewicht geschult. Die Buchstabenkreise können je nach Altersstufe aus dem Alphabet ausgewählt werden. Sie sind an- und abzukletten und können daher auch getrennt vom Spielfeld gewaschen werden.

SO WIRD'S GEMACHT

Maße inkl. 0,75 cm Nahtzugabe.

24 Buchstabenfelder

Aus schwarzem Fahnentuch und Volumenvlies je 24 Kreise und aus gelbem, grünem, rotem und blauem Köperstoff je 6 Kreise pro Farbe mit ⌀ 18 cm zuschneiden.

Buchstaben mit einem Stoffkreidestift oder Trickmarker vorzeichnen und von Hand mittig auf die farbigen Kreise sticken, z.B. in Stiel- und Füllstich. Eventuell die Buchstaben Y, Z, C, Q, V, W, X weglassen und dafür einige Vokale doppelt sticken.

Auf die schwarzen Fahnentuchkreise je 2 Stücke Klettband (raue Seite) à 5 cm Länge mittig nebeneinander aufnähen. Auf die Rückseite der farbigen Kreise Volumenvlies bügeln, je einen farbigen Kreis rechts auf rechts auf einen schwarzen Kreis legen und bis auf eine ca. 5 cm lange Wendeöffnung zusammennähen. Die Nahtzugaben des Vlieses zurückschneiden, alle Nahtzugaben einknipsen, verstürzen und die Naht ausbügeln. Die Wendeöffnung von Hand mit Matratzenstich schließen.

Schwierigkeitsgrad: ✱✱ ca. 25 Std. 137 x 203 cm

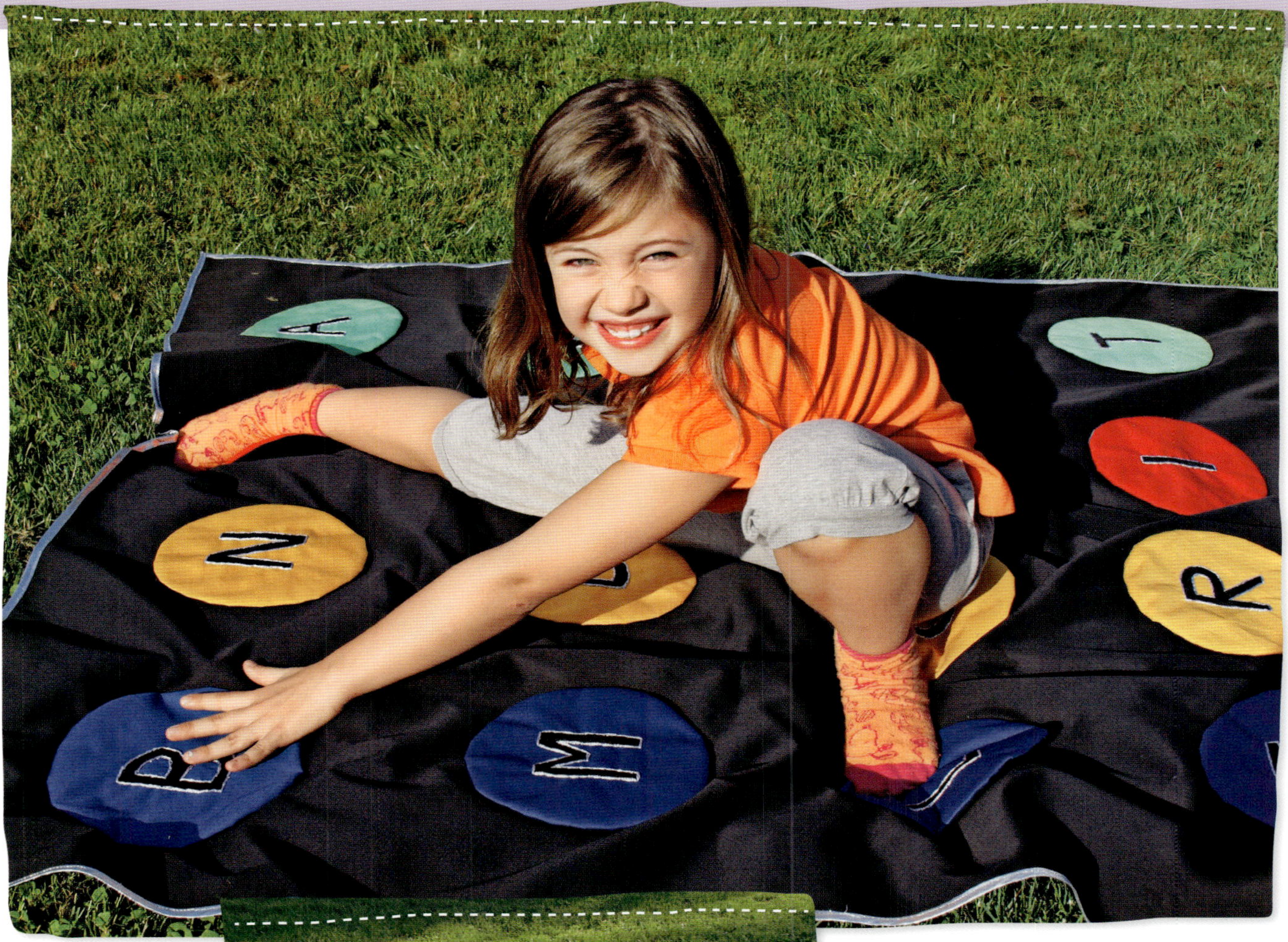

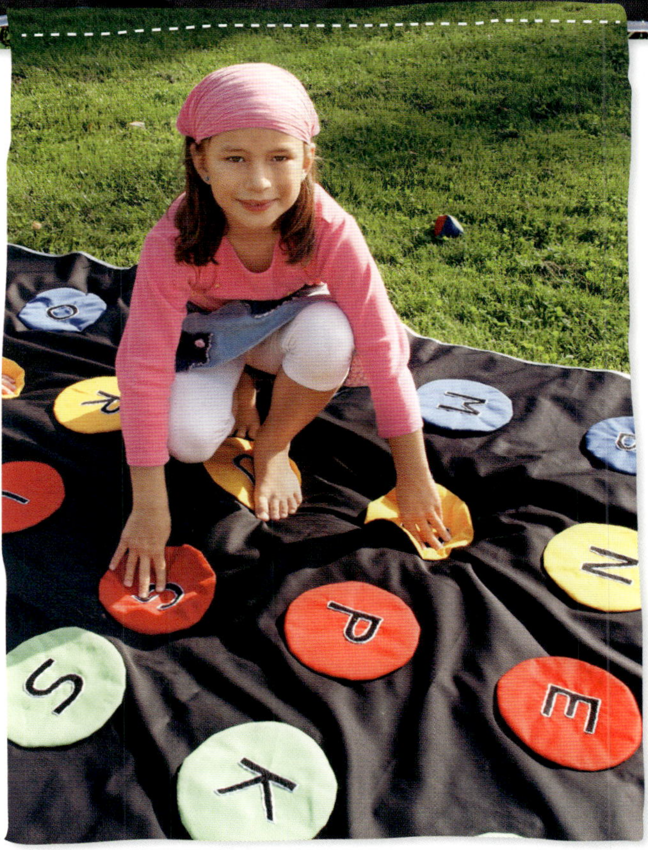

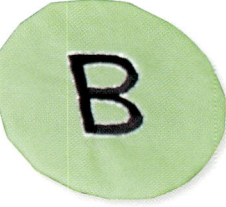

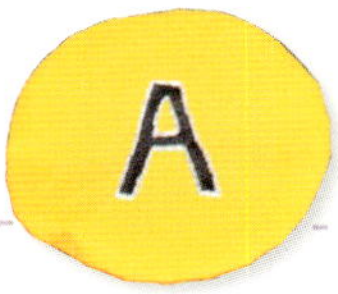

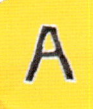

Spielfeld

Aus schwarzem Baumwollköper 137 x 203 cm ohne Zugabe (!) zuschneiden, die Kanten ringsum mit dem Schrägband versäubern. Die Gegenstücke des Klettbandes (flauschige Seite) für die Buchstabenfelder lt. Schemazeichnung auf die Vorderseite des Spielfeldes aufsteppen. Diese müssen perfekt zu denen auf den Kreisen passen, daher den Abstand zwischen den einzelnen Kreisen und den Kreisen zum Rand berechnen. Die Kreise haben jeweils einen Abstand von 15 cm zueinander und 10 cm zum Rand des Spielfeldes.

Die Buchstabenfelder lt. Schemazeichnung oder nach Belieben auf das Spielfeld ankletten.

2 Pyramidenwürfel

4 gleichseitige Dreiecke lt. Vorlage aus dem schwarzen Köper und je 1 Dreieck in Gelb, Grün, Rot und Blau zuschneiden. Die schwarzen Dreiecke mit silberfarbenem Perlgarn mit je 1 linken/rechten Fuß und 1 linken/rechten Hand lt. Vorlagen besticken.
Jeweils 2 schwarze Teile bündig rechts auf rechts legen und entlang einer Kante zusammennähen, dabei am Anfang und Ende der Naht eine Nahtzugabenbreite frei lassen, anschließend die Hälften zusammennähen, eine Wendeöffnung offen lassen, Würfel verstürzen und mit Füllwatte füllen. Die Wendeöffnung von Hand mit Matratzenstich schließen. Den bunten Pyramidenwürfel aus den 4 farbigen Dreiecken anschließend genauso nähen.

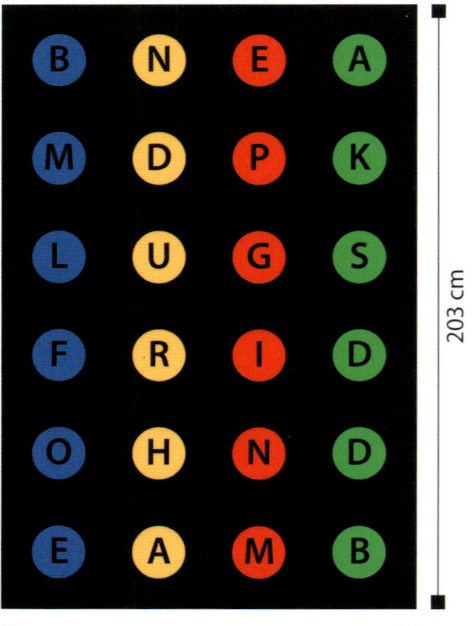

SPIELANLEITUNG

Inhalt: Spielfeld, 2 Pyramidenwürfel

Vorbereitung: Um das Spielfeld gegen Verrutschen zu sichern, eine Antirutsch-Matte unterlegen. Aus den Spielteilnehmern wird einer bestimmt, der nur würfelt.

Spielverlauf

Der „Würfler" würfelt für Spieler 1 und liest dann das Würfelergebnis vor, z. B. „Rechte Hand auf Rot." Spieler 1 muss das Ergebnis ausführen, hat jedoch die Wahl, welches rote Buchstabenfeld er verwendet. Je mehr Spieler mitspielen, umso kleiner ist die Auswahl der möglichen Buchstabenfelder. Dann nennt Spieler 1 je nach Schwierigkeitsstufe (s. u.) den Buchstaben, ein Wort mit dem passenden Anfangsbuchstaben oder ein Wort mit dem Buchstaben aus einem zuvor vereinbarten Themengebiet. Fällt ihm keines ein, hat er verloren. Abwandlungen sind möglich!
Als Nächstes würfelt der „Würfler" für Spieler 2.

Spielende

Verloren hat derjenige Spieler, dem kein Wort mehr einfällt oder der das Gleichgewicht verliert und den Boden berührt bzw. sich hinlegt oder hinsetzt. Gewonnen hat derjenige, der zum Schluss übrig bleibt.

Schwierigkeitsstufen

• Stufe 1 (Klasse 1, 6–7 Jahre): Der Spieler nennt nur den Buchstaben.
• Stufe 2 (Klasse1–2, 6–8 Jahre): Der Spieler nennt ein Wort, das mit dem Buchstaben beginnt.
• Stufe 3 (ab Klasse 3, 8–9 Jahre): Der Spieler nennt ein Wort zu einem bestimmten Thema, das mit dem Buchstaben beginnt, z. B. Thema Handwerk, Sportart etc.

Planen-Wettlauf

MATERIAL

Spielfeld
• Plastik-/LKW-Plane (alternativ Teichplane)
  in Schwarz: 255 x 255 cm
• Wachstuch in Blau, Rot, Grün und Gelb:
  ca. 50 x 100 cm, in Weiß: ca. 100 x 250 cm

Mannschaftsbänder
• Wachstuch in Blau, Rot, Grün und Gelb:
  je 3-mal 45 x 100 cm
• Polyester-Nähgarn

Würfel
• 1 Schaumstoffwürfel: 10 x 10 x 10 cm
• Baumwollköper in Dunkelblau, 150 cm breit:
  15 cm (Bezug)
• Baumwollstoff in Weiß, 140 cm breit: 10 cm (Zahlen)
• Vliesofix, 90 cm breit: 40 cm

HILFSMITTEL
Kunststoffkleber

VORLAGEN
Seite 70: Schemazeichnung Würfel;
Seite 72: Schemazeichnung Spielfeld

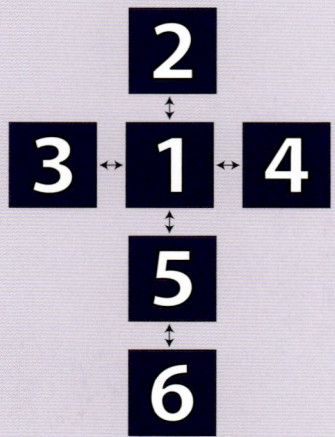

Ein Mannschaftsspiel mit Aktionsfeldern

Einmal selbst eine Spielfigur sein, sich wie diese auf Lauffeldern bewegen und möglichst schnell ans Ziel kommen. Gespielt wird nach einfachen Regeln, doch ab und zu müssen knifflige Aufgaben gelöst werden – das perfekte Pausenhofspiel!

SO WIRD'S GEMACHT

Spielfeld
Für die Lauffelder aus Wachstuch je 4 blaue, rote, grüne, gelbe Kreise sowie 16 weiße Kreise mit ø 25 cm und 4 Quadrate à 25 x 25 cm zuschneiden. Laut Schemazeichnung auf die schwarze Plane aufkleben. Der Abstand zum Rand sowie zwischen den Lauffeldern beträgt jeweils 10 cm, das Mannschaftsfeld weicht etwas davon ab.

12 Mannschaftsbänder
Aus blauem, rotem, grünem und gelbem Wachstuch je 3 Streifen à 14 x 100 cm zuschneiden. Die Streifen jeweils der Länge nach zur Hälfte legen und entlang beider Längskanten mit Stichlänge 3,5 absteppen (oder zusammenkleben). Jeweils 1 Ende von 2 Bändern im rechten Winkel aufeinanderlegen, sodass ein Quadrat entsteht. Die Quadrate absteppen (oder kleben). Die Bänder können vor dem Nähen an der Überkreuzungsstelle mit Ripsbandresten o. Ä. verstärkt werden.

1 Würfel
Aus dunkelblauem Baumwollköper 6 Quadrate à 12 x 12 cm (inkl. 1 cm Nahtzugabe) zuschneiden. Die Zahlen von 1–6 mit 8 cm Höhe seitenverkehrt auf die Papierseite des Vliesofix aufzeichnen, großzügig ausschneiden, auf die Rückseite des weißen Baumwoll-

stoffes bügeln (dabei den Fadenlauf beachten) und exakt ausschneiden. Die Zahlen lt. Schemazeichnung mittig auf die Würfelflächen bügeln (die gegenüberliegenden Seiten der Würfelflächen müssen immer die Zahl 7 ergeben), die Kanten mit engem Zickzackstich befestigen.

Die Flächen lt. Schemazeichnung zunächst kreuzförmig zusammennähen, dafür nacheinander je 2 Flächen rechts auf rechts zusammenlegen und zusammennähen. Am Anfang und Ende der Naht jeweils eine Nahtzugabenbreite frei lassen. Anschließend die Seitenkanten bis auf die letzte Kante zusammennähen, auch hier jeweils eine Nahtzugabenbreite frei lassen. Würfelbezug verstürzen. Den Schaumstoffwürfel in den Bezug stecken und die Öffnung (Kante) von Hand mit Matratzenstich schließen.

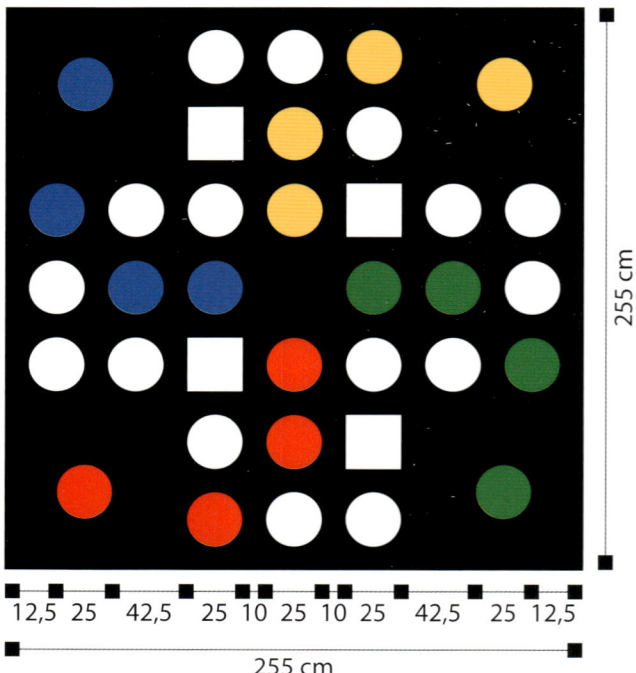

12,5 25 42,5 25 10 25 10 25 42,5 25 12,5

255 cm

255 cm

SPIELANLEITUNG

Inhalt: Spielfeld, 12 Mannschaftsbänder, 1 Würfel

Vorbereitung: Bis zu 3 Kinder spielen gemeinsam in einer der 4 Mannschaften. Die Mannschaftsmitglieder tragen ein Mannschaftsband in derselben Farbe. Jede Mannschaft bestimmt einen Mannschaftskapitän, der für seine Mannschaft würfelt (und selber nicht mitspielt). Die Mannschaft, welche die höchste Zahl würfelt, beginnt.

Spielverlauf

Gewürfelt wird im Uhrzeigersinn. Wenn noch keine Spieler auf dem Spielfeld sind, darf der Mannschaftskapitän für seine Mannschaft dreimal würfeln. Die Spieler warten auf dem Mannschaftsfeld (farbiges Feld in den Ecken) und können nur mit einer 6 ins Spiel gebracht werden. Der Spieler startet auf dem jeweiligen Startfeld der eigenen Farbe und bewegt sich je nach gewürfelter Zahl im Uhrzeigersinn auf dem Spielfeld vorwärts.

Nach einer 6 darf noch einmal gewürfelt werden. Sind noch nicht alle Spieler einer Mannschaft auf dem Spielfeld, muss bei jeder 6 ein neuer Spieler ins Spiel gebracht werden.

Eigene und fremde Spieler können übersprungen werden, wobei die besetzten Felder mitgezählt werden. Wenn ein Feld bereits von einem fremden Spieler besetzt ist, wird dieser Spieler herausgeworfen und der andere Spieler nimmt seinen Platz auf dem Spielfeld ein. Auf jedem Lauffeld darf also immer nur 1 Spieler stehen.

Hat ein Spieler das Spielfeld einmal umrundet, zieht er auf die Zielfelder seiner Farbe vor.

Aktionsfelder

Die quadratischen Felder können (müssen aber nicht) als Aktionsfelder genutzt werden. Wenn ein Spieler einer Mannschaft auf einem quadratischen Feld landet, muss seine Mannschaft eine Aufgabe lösen. Das kann eine Aufgabe in Mathematik, Deutsch oder Sport sein. Die Aufgaben können sowohl von einem Spielleiter als auch von den anderen Mannschaften gestellt und spontan ausgedacht werden. Wird die Aufgabe richtig beantwortet, darf die Mannschaft noch einmal würfeln.

Spielende

Die Mannschaft, deren Läufer zuerst auf den Zielfeldern stehen, gewinnt das Spiel.

Aufgabenbeispiele

Sport / Bewegung
- Mach 10 Kniebeugen!
- Hüpfe 1 Minute auf einem Bein!

Mathematik
- Plus-/Minus-Aufgaben
- Einmaleins-Aufgaben

Deutsch
- Nenne 3 Wörter, die sich auf „Maus"
  (oder ein anderes Wort) reimen.
- Was ist ein Substantiv (Verb/Adjektiv)?

Heimat- und Sachunterricht
- Nenne 3 verschiedene Frühlingsblumen!
- Nenne 3 verschiedene Waldtiere.
- Nenne 2 Werkzeuge, die die Steinzeitmenschen verwendet haben.

Ma-De-Spo

Mathematik,
Deutsch und Sport
sind gefragt!

Bei diesem Wettbewerb wird Wissen in verschiedener Form erworben, abgefragt und gefestigt. Die Bewegungsaufgaben fördern die motorischen Fähigkeiten und das Sozialverhalten. Die Aufgaben können je nach Wissensstand abgeändert oder ergänzt werden.

MATERIAL

- Baumwollköper in Schwarz, 150 cm breit: 170 cm
- Baumwollköper in Rot: 20 x 25 cm
- Bastelfilz, 2–3,4 mm stark, in leuchtendem Gelb, Orange, Rot und Grün: je 30 x 45 cm
- Vliesofix, 90 cm breit: 60 cm
- 1 ausgediente CD
- 1 runde CD-Rohling-Box
- Verschluss eines Milch-Tetrapacks (gesäubert)
- Schwarzer Karton: 15 x 20 cm
- Baumwollkordeln in Gelb, Orange, Rot und Grün: je ca. 35 cm lang
- Stoffmalstift in Schwarz
- je 1 Pinnnadel oder Reißzwecke in Gelb, Orange, Rot und Grün (insg. 4)
- Kapa-Platte (siehe Seite 98): ca. 28 x 35 cm
- je 2 Blatt Buntpapier DIN A4, 120 g/m², in Gelb, Orange und Rot (für insg. 48 Karten)
- 8 Blatt Laminierfolie DIN A4
- 1 kleines Heft DIN A5

HILFSMITTEL

Buchbinderleim oder Stoffkleber, Sekundenkleber, Heißkleber, Lineal, Laminiergerät, Cutter

VORLAGEN

Seite 75: Schemazeichnungen Spielplan/Drehscheibe; Seite 92–93: Aufgabenkarten; Seite 108: ABC, 123, Fuß, Ausrufezeichen; Vorlagenbogen A: „Tortenstück" Drehscheibe

SO WIRD'S GEMACHT

Maße inkl. 1 cm Nahtzugabe.

Spielfeld

Für das Spielfeld aus schwarzem Baumwollköper 2 Kreise mit ø 82 cm zuschneiden. Aus Bastelfilz in 4 verschiedenen Farben je 2 „Tortenstücke" lt. Vorlage mit Vliesofix auf die Vorderseite des Spielfelds bügeln. (Achtung: Nicht zu heiß bügeln!) Der Abstand zur Stoffkante beträgt 10,5 cm inkl. Nahtzugabe, in der Mitte bleibt ein Kreis mit ø 13 cm frei. Alle Kanten mit dichtem Zickzackstich mit farblich passendem Maschinenstickgarn überdecken.

Vorder- und Rückseite rechts auf rechts bündig übereinanderlegen, ringsum bis auf eine ca. 15 cm große Wendeöffnung zusammennähen, Rundungen einknipsen und verstürzen. Die Öffnung von Hand mit Matratzenstich schließen.

Für die Symbole auf dem Spielfeld aus verschiedenen Farben Bastelfilz lt. Vorlage 6 Füße, 6 Ausrufezeichen sowie je 2-mal die Buchstaben A, B, C und je 2-mal die Zahlen 1, 2, 3 ausschneiden. Laut Schemazeichnung auf den schwarzen Rand mittig über den Tortenstücken aufkleben, dabei die Zuordnung der Symbole zu den Farben beachten.

Die Mitte des Spielfelds ermitteln und beide Stofflagen kreuzförmig einschlitzen, um den Rohlinghalter hindurchstecken zu können.

Schwierigkeitsgrad: ✱✱ 12–14 Std. 80 x 80 cm (Drehscheibe), 28 x 35 cm (Spielplan)

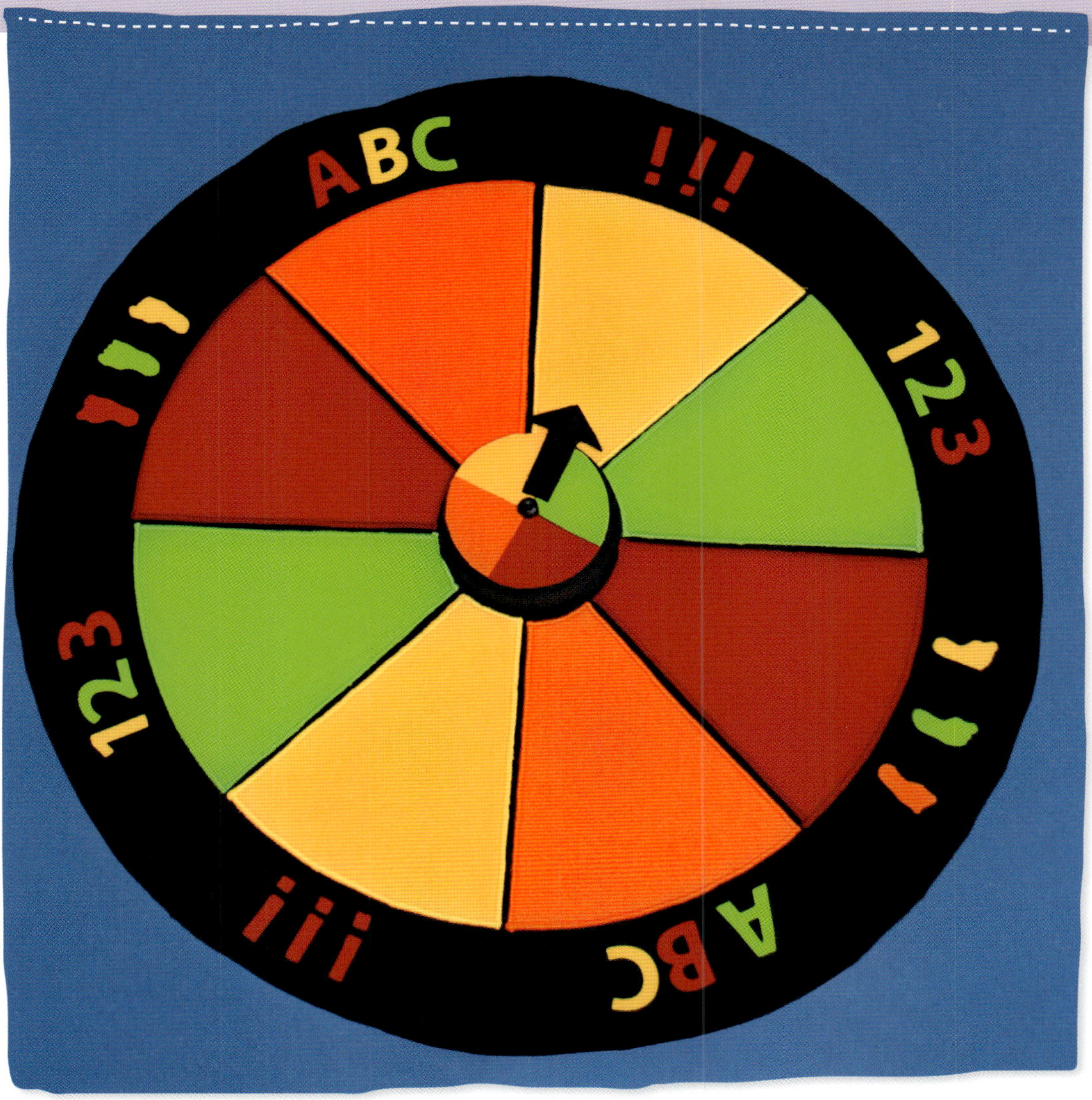

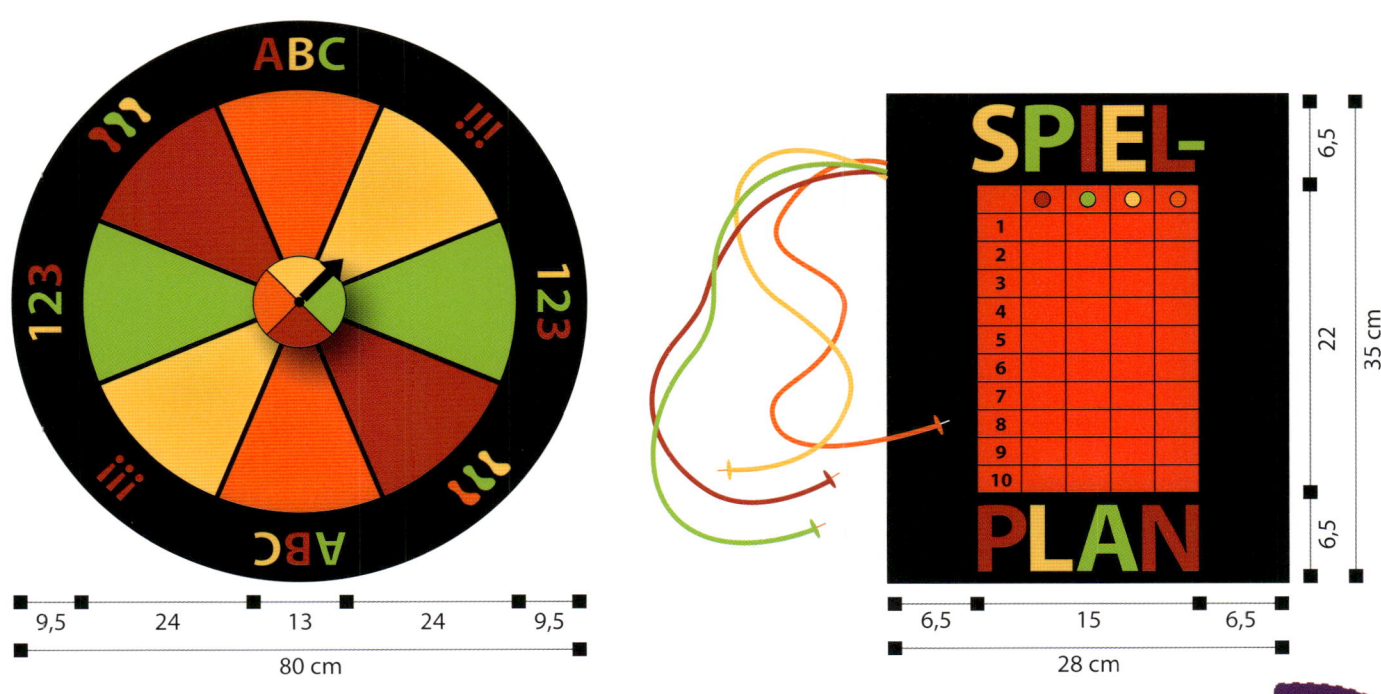

Drehscheibe (in der Spielfeldmitte)

Den Deckel der CD-Rohling-Box mit einem Cutter auf 7 cm Höhe kürzen. Aus der Mitte der Box ein rundes Loch herausschneiden, sodass der Rohlinghalter hindurchpasst. Für den Bezug aus schwarzem Baumwollköper 1 Kreis mit ø 14,5 cm und 1 Rechteck à 10 x 43 cm zuschneiden.

Das Rechteck rechts auf rechts zur Hälfte legen und an den kurzen Kanten zusammennähen, Nahtzugaben rundum etwas einknipsen, den Kreis in die „Röhre" einnähen und verstürzen. In der Mitte des Kreises ein kleines Kreuz einschneiden. Den Bezug über die Box ziehen, dabei mit Heißkleber festkleben und die offene Stoffkante nach innen umschlagen. Aus Bastelfilz je 1 Viertelkreis (Kreis ø 12,5 cm) aus allen 4 Farben zuschneiden und lt. Schemazeichnung mit Sekundenkleber auf die CD kleben. Aus Pappe einen 4 x 8 cm großen Pfeil ausschneiden und auf den beklebten Rohling kleben. Die Unterseite der CD mit einem Kreis aus Karton bekleben.

Den Rohlinghalter durch die Öffnung des Spielfeldes schieben. Den Deckel der Rohlingbox auf den Rohlinghalter stecken. Den Verschluss eines Milch-Tetrapacks kreuzförmig einschneiden, Dreiecke nach oben biegen (ggf. einige Dreiecke herausbrechen) und auf den Rohlinghalter (als Abstandhalter) schieben. Anschließend die beklebte CD daraufsetzen. Durch den Abstand dreht sie sich leicht.

3 Kartensäckchen (fertige Größe 10 x 15 cm)

Aus schwarzem Baumwollköper 3 Rechtecke à 11 x 34 cm zuschneiden. Kanten versäubern, an den Längsseiten rechts auf rechts zur Hälfte legen und zusammennähen, dabei 13 cm vom unteren Bruch entfernt beidseitig ein Loch (1 cm) für den Tunnelzug offen lassen. Die Oberkanten jeweils 1 cm um- und 1,5 cm einschlagen, von links entlang der Saumkante feststeppen. Aus Bastelfilz die Zahlen 1, 2 und 3, die Buchstaben A,

B und C und 3 Füße in verschiedenen Farben ausschneiden (die Vorlagen an die gewünschte Größe anpassen) und mit Textilkleber auf je 1 Vorderseite der Säckchen kleben. Für die Zugbänder 6 Streifen à 3 x 30 cm zuschneiden. Längskanten versäubern und jeweils links auf links zur Mitte falten, Band nochmals kantenbündig falten, auf der rechten Seite entlang der Bruchkanten knappkantig zusammensteppen. Je 2 Bänder gegengleich in den Tunnel einziehen, die Enden jeweils verknoten.

Spielplan

Für die Vorderseite aus rotem Baumwollköper ein Rechteck von 17 x 24 cm zuschneiden und mit einem Stoffstift und Lineal lt. Schemazeichnung ein Gitter zeichnen (Größe der Kästchen ca. 2 x 3 cm, 11 Felder senkrecht, 5 Felder quer), dabei 1 cm Nahtzugabe aussparen. Die Zahlen 1–10 in die 1. Spalte der 2. bis 11. Reihe schreiben. Aus Bastelfilz 4 Kreise mit ø 1 cm aus den verschiedenen Farben ausschneiden und in die 1. waagrechte Reihe (2. bis 5. Spalte) aufkleben. Für den Rahmen aus schwarzem Baumwollköper Streifen mit 8,5 cm Breite zuschneiden, als Patchwork oben und unten, dann rechts und links an das rote Rechteck nähen, die Längen jeweils auf die erforderliche Breite anpassen.

Für die Rückseite aus schwarzem Baumwollköper ein Rechteck à 30 x 37 cm zuschneiden, rechts auf rechts bündig auf die Vorderseite legen, die 4 Baumwollkordeln oben links (nach innen gerichtet) zwischenfassen, bis auf die untere Schmalseite ringsum zusammennähen, verstürzen.

Die Kapa-Platte ggf. an die Größe des fertigen Spielplans anpassen und mit einem Cutter zuschneiden, dann durch die Wendeöffnung schieben. Die Öffnung

SPIELANLEITUNG

Inhalt: Spielfeld, Spielplan (Spielstandsanzeige), 1 Drehscheibe, 16 Spielkarten Sport, 16 Spielkarten Deutsch, 16 Spielkarten Mathematik, 1 Lösungsheft mit Lösungen

Vorbereitung: Es können bis zu 4 Teams à 1–2 Personen mitspielen. Das Spielfeld aufstellen. Auf dem Spielplan die Nadel jeder Mannschaft auf den zugehörigen Farbpunkt stecken.

Spielverlauf
Das Team, dessen Mitspieler/-in im Kalenderjahr am spätesten Geburtstag hat, beginnt und dreht die Drehscheibe. Aus dem Säckchen des Themengebietes, auf das der Pfeil zum Stillstand gekommen ist, wird ein Aufgabenkärtchen gezogen. Wenn die Aufgabe richtig beantwortet wird, wandert die Nadel auf dem Spielfeld 1 Reihe tiefer. Dann ist das nächste Team im Uhrzeigersinn an der Reihe.

Spielende
Gewonnen hat das Team, das als Erstes 10 Runden geschafft hat.

---

von Hand mit Matratzenstich schließen. Die Buchstaben für die Beschriftung „SPIEL-PLAN" entwerfen, in verschiedenen Farben aus Bastelfilz zuschneiden (Höhe jeweils ca. 5 cm) und lt. Schemazeichnung mit Buchbinderleim oder Stoffkleber auf den oberen und unteren Rand kleben. Die Reißzwecken bzw. Pinnnadeln durch die Knoten der Kordeln stecken und mit Heißkleber befestigen.

48 Aufgabenkarten und Lösungsheft
Aus Buntpapier je 16 Karten in Gelb, Orange und Rot à 6,5 x 9 cm zuschneiden, die Rückseiten mit Fuß- (rot), Zahlen- (grün) oder Buchstabensymbolen (orange) bedrucken oder bemalen. Die Vorderseiten der Karten mit Sport- (rot), Mathe- (grün) und Deutschaufgaben (orange) beschreiben (siehe Seite 92–93). Jede Aufgabenkarte mit einer eindeutigen Zahl beschriften, diese dann für das Lösungsheft übernehmen und zusammen mit der Lösung eintragen. Die Karten im Abstand von 1 cm in die Laminierfolie einlegen, laminieren und die Folie knappkantig ausschneiden.

TIPP
Die Lösungen auf DIN-A5-Papier ausdrucken, laminieren, lochen und mit einer Kordel befestigen. Als Aufbewahrungsbox eine durchsichtige Plastikbox mit Deckel mit Zahlen, Buchstaben und Füßen aus Bastelfilz bekleben.

Abenteuer Wiese

MATERIAL
- Sperrholz, 5 mm dick: 72 x 48 cm (Spielfeld)
- Sperrholz, 5 mm dick: 35 x 50 cm (Holzkärtchen)
- Bastelfilz: 25 x 50 cm in Dunkelblau,
  18 x 50 cm in Dunkelgrün, 10 x 50 cm in Hellgrün,
  30 x 50 cm in Schwarz, 35 x 50 cm in Braun,
  9 x 11 cm in Natur, Rest in Rot und Hellblau
- Rest Volumenvlies (Sonne, Wolken)
- Filzwolle in Natur, Gelb, Blau und Rottönen
- Leder (Reste)
- Wollfaden in Natur (Rest)
- Transparentfolie (Bienenflügel)
- 4 Wackelaugen, ø 0,4 cm (1 pro Schaf)
- Synthetische Füllwatte (Steine, Schaf)
- Dünner Messingdraht: ca. 50 cm lang (Ameise)
- Stoffmalstifte in verschiedenen Farben
- Moosgummi in Pink, 2–3 mm dick:
  20 x 20 cm (Pfeile)
- Plusterstift in Silber (Pfeile)
- Klettband, 2 cm breit: ca. 16 cm (Pfeile)
- 4 Blätter Buntpapier DIN A4 (Spielkarten)
- 4 Laminierfolien DIN A4 (Spielkarten)
- 36 kleine, runde Steinchen
  (als Belohnungssteinchen)

HILFSMITTEL
Trockenfilzzubehör, Bastelkleber, ggf. Laminiergerät
(Spielkarten), Laubsäge, Schleifpapier (Holz)

VORLAGEN
Seite 81: Schemazeichnung; Seite 94: Aufgaben und
Antworten; Seite 108–109: Ameise, Biene, Fliegen-
pilz, Igel, Kaninchen, Pilze, Pfeil, Maus, Schaf, Sonne,
Sonnenblume, Vogel, Wolke, Wurm

Was kreucht und fleucht da auf der Wiese?

Bei diesem Spiel eignen sich die Kinder Wissen
rund um die Themen Pflanzen und Tiere sowie
das Wetter an. Es kann daher sehr gut sowohl zu
Hause als auch im Sachunterricht gespielt werden,
um in die Themengebiete einzuführen oder
das Gelernte spielerisch anzuwenden. Die liebevoll
ausgestalteten Motive steigern auch das
sinnliche Erleben beim Spielen.

SO WIRD'S GEMACHT

Spielfeld
Den Bastelfilz als Himmel, Wiese, Erde und Maulwurf-
gang zuschneiden (vgl. Fotos und Schemazeichnung)
und auf das auf 48 x 72 cm zugeschnittene Sperrholz
etwas überlappend aufkleben. Zuerst den blauen,
dann den hellgrünen, dunkelgrünen, schwarzen
und zum Schluss den braunen Bastelfilz aufkleben.
12 Zahlenpfeile lt. Vorlage aus Moosgummi in Pink
ausschneiden, auf die Rückseite mit geeignetem
Kleber ein schmales Stückchen aufnähbares Klettband ankleben, alternativ aufklebbares Klettband
verwenden. Die Pfeile mit den Zahlen von 1 bis 12
mit Plusterstift beschriften.

Applikationen
Ameisen: Körper aus Stoff oder Leder lt. Vorlage
zuschneiden, feinen Messingdraht als Füßchen
durchstechen.
Fliegenpilz: Aus rotem und naturfarbenen Bastelfilz
einen Fliegenpilz lt. Vorlage zuschneiden, verschiedene Rottöne aus Filzwolle trocken auffilzen.
Anschließend die weißen Punkte mit weißer Filzwolle
trocken auffilzen oder aufkleben.

Pflanzen und Tiere: Formen lt. Vorlagen aus Leder oder Bastelfilz ausschneiden, Bienenflügel aus Folie ausschneiden.

Pilze: Aus braunem und naturfarbenen Bastelfilz Pilze lt. Vorlage zuschneiden.

Schaf: Aus naturfarbenem Bastelfilz 1 Schaf lt. Vorlage schneiden, 1 Wackelauge aufkleben, naturfarbene Filzwolle zu Kügelchen rollen und aufkleben.

Sonne und Wolken: Filzwolle auf Bastelfilz legen und mit der Nadel trocken anfilzen, Volumenvlies unter Sonne und Wolken legen und mit Leim aufkleben.

Sonnenblume: Die Blütenblätter lt. Vorlage aus gelbem Bastelfilz, die Stängel aus hellgrünem Bastelfilz (der lange ist ca. 20 cm lang) und die Blätter (ca. 3 x 4 cm groß) zuschneiden, die Blätter in der Mitte etwas zusammendrücken und von Hand an einer Stelle zusammennähen, damit sie plastischer aussehen (siehe Seite 80).

Steine, Regentropfen etc.: Aus grauem, braunem und schwarzem Bastelfilz Steine und aus hellblauem Bastelfilz kleine Regentröpfchen zuschneiden.

Wurzel: Kleine Stücke Faden wurzelförmig aufkleben. Die Details des Spielfelds auf dem Spielfeld lt. Foto anordnen und aufkleben, dabei darauf achten, dass auf dem Spielfeld noch genügend Platz für einen Kartenstapel ist. Alle Motive der Holzkärtchen (s. u.) müssen sich auf dem Spielfeld wiederfinden, dafür die Vorlagen ggf. vergrößern oder verkleinern.

36 Aufgabenkarten aus Holz

Aus Sperrholz 36 Stücke à 6 x 9 cm sägen, die Kanten mit Schleifpapier brechen.

Je 3 identische Motive (Ameise, Biene, Fliegenpilz, Igel, Kaninchen, Maus, Schaf, Sonne, Sonnenblume, Vogel, Wolke, Wurm) lt. Vorlage oder in freier Gestaltung aus Filz, Woll-, Lederresten und etwas Draht (Ameisenbeine) ausarbeiten (wie bei „Applikationen" beschrieben) und auf die Vorderseiten der Holzkärtchen aufkleben.

12 Fragen mit dazugehöriger Antwort (siehe Seite 94) je 3-mal auf Papier schreiben oder drucken, laminieren und passend zu dem jeweiligen Motiv auf die Rückseiten der Holzkärtchen kleben.

36 Zahlenkarten

Aus Buntpapier 36 Rechtecke à 5 x 8 cm zuschneiden, mit 1 cm Abstand zueinander zwischen die Folien legen, laminieren, ausschneiden (jeweils 5 mm Abstand zum Buntpapier einhalten). 3-mal die Zahlen von 1 bis 12 aus Bastelfilz in beliebiger Farbe ausschneiden und aufkleben (= insg. 36 Karten).

SPIELANLEITUNG

Inhalt: Spielfeld, 36 Aufgabenkarten aus Holz, 36 Zahlenkarten, 12 Pfeile, 36 Belohnungssteinchen

Vorbereitung: Je ein Zahlenpfeil wird folgenden Motiven auf dem Spielfeld zugeordnet: Ameise, Biene, Fliegenpilz, Igel, Kaninchen, Maus, Schaf, Sonne, Sonnenblume, Vogel, Wolke, Wurm. Die Holzkärtchen werden nach ihren Abbildungen sortiert (= gleiche Motive übereinanderlegen) und mit den Motiven nach oben neben das Spielfeld gelegt. Die Zahlenkärtchen werden gemischt und verdeckt auf die freie braune Fläche des Spielfeldes gelegt.

Spielverlauf

Gespielt wird im Uhrzeigersinn. Der jüngste Spieler beginnt. Er zieht eine Zahlenkarte und sucht den passenden Zahlenpfeil. Das Zahlenkärtchen bleibt beim Spieler. Der linke Nachbar sucht das zugehörige Holzkärtchen (= das Motiv auf dem Spielfeld, auf das der Pfeil zeigt) und liest dem Spieler die Frage und die möglichen Antworten auf der Rückseite laut vor. Das Holzkärtchen bleibt beim Vorlesenden. Beantwortet der Spieler die Frage richtig, bekommt er ein Belohnungssteinchen. Beantwortet der Spieler die Frage falsch, bekommt er keinen Belohnungsstein. Dann ist der nächste Spieler an der Reihe.

Spielende

Das Spiel ist zu Ende, wenn alle Belohnungssteinchen ausgeteilt sind. Wer die meisten Steinchen hat, hat gewonnen.

Alternative Spielideen

Eine Steigerung des Schwierigkeitsgrades besteht darin, lediglich die Frage, jedoch nicht die möglichen Antworten vorzulesen. So könnte zum Beispiel ein neues Themengebiet nach Einführung in der Anwendungsphase zum Einsatz kommen.

72 cm

48 cm

TIPP
Nähen Sie ein kleines Säckchen für die Belohnungssteinchen.

Wettlauf gegen die Sonne

MATERIAL

Spielfeld
- Baumwollköper in Hellgelb oder Natur (Vorderseite) und in Hellbraun (Unterseite), 110 cm breit: je 105 cm
- Volumenvlies: 105 x 105 cm
- Bastelfilz in Gelb, 3,5 mm dick: 10 x 10 cm (Sonne)
- Bastelfilz (dünn): 50 x 55 cm in Dunkelgrün, 30 x 30 cm in Hellgrün; je 20 x 25 cm in Weiß, Hellblau und Orange; je 20 x 20 cm in Gelb und Braun; je 15 x 20 cm in Rot und Hellrosa (Lauffelder und Motive)
- Seidenstoff (Rest) in beliebiger Farbe (Drachen)
- Filzwolle in Dunkelgrün (Baumkrone, Igelnest), Rot (Kirschen), Weiß (Wolken, Igelnest), Braun und Hellgrün (Igelnest)
- Perlgarn in Grün (Kirschen)
- Effektgarn: 1 Stück à 5–10 cm (Drachenschnur)
- Glitzerndes Effektgarn (Freihandstickerei auf Schneeflocken)
- Stoffmalfarbe in Weiß (Schneeflocken) und in Gelb (Lauffelder Sonne)

4 Bäume
- Batik-Baumwollstoff in Braun (Patchworkbedarf), Uni-Baumwollstoff in Braun, Volumenvlies und Vliesofix: 40 cm
- ggf. ca. 10–15 kleine Filzkügelchen (Kirschen)
- Rest weiße Seidengaze (Schnee am Winterbaum)

4 Igel
- Igelstoff: 15 x 50 cm (Igel)
- Weicher Baumwollstoff in Natur: 20 x 35 cm (Bauch)
- Synthetische Füllwatte
- Je 2 Rocailles in Schwarz, Blau, Rot, Grün (Augen)

20 Bild-/Ereigniskarten
- 20 Blanko-Karten aus Pappe à 5 x 5 cm (alternativ Papier und Laminierfolie)

1 Würfel
- 1 Holzwürfel, ca. 3 x 3 cm
- Acrylfarbe in Rot, Gelb, Grün, Blau

HILFSMITTEL

Trockenfilznadel oder Embellisher, ggf. Nassfilzbedarf (Kirschen), Buchbinderleim, Pinsel (Stoff-/Acrylfarbe), Pappe für Schablone, Kork oder Moosgummikreis zum Drucken (ø 5 cm) oder gelber Stoffmalstift/Plusterstift (Sonnen-Lauffelder), Textilkleber, ggf. Laminiergerät

VORLAGEN

Seite 89: Schemazeichnung Spielfeld; Vorlagenbogen A: Baum, Baumkrone, Grasbüschel, Igelnest, Blätter (Frühling/Herbst), Pilze, Sonne, 3 Schnittteile Igel (Schnauze, Rücken, Bauch)

Spannendes Lernspiel für jede Fremdsprache

Hier lernen die Kinder auf spielerische Art und Weise Begriffe in einer Fremdsprache mithilfe von Bildkarten. So werden zum Beispiel die Vokabeln rund um das Wetter meist vor Einführung der Schriftsprache in der Fremdsprache durchgenommen. Jeder Themenbereich, der sich bildlich darstellen lässt, kann in der gewünschten Fremdsprache gezielt geübt werden.

Schwierigkeitsgrad: ✱✱ ca. 20 Std. ø 98 cm

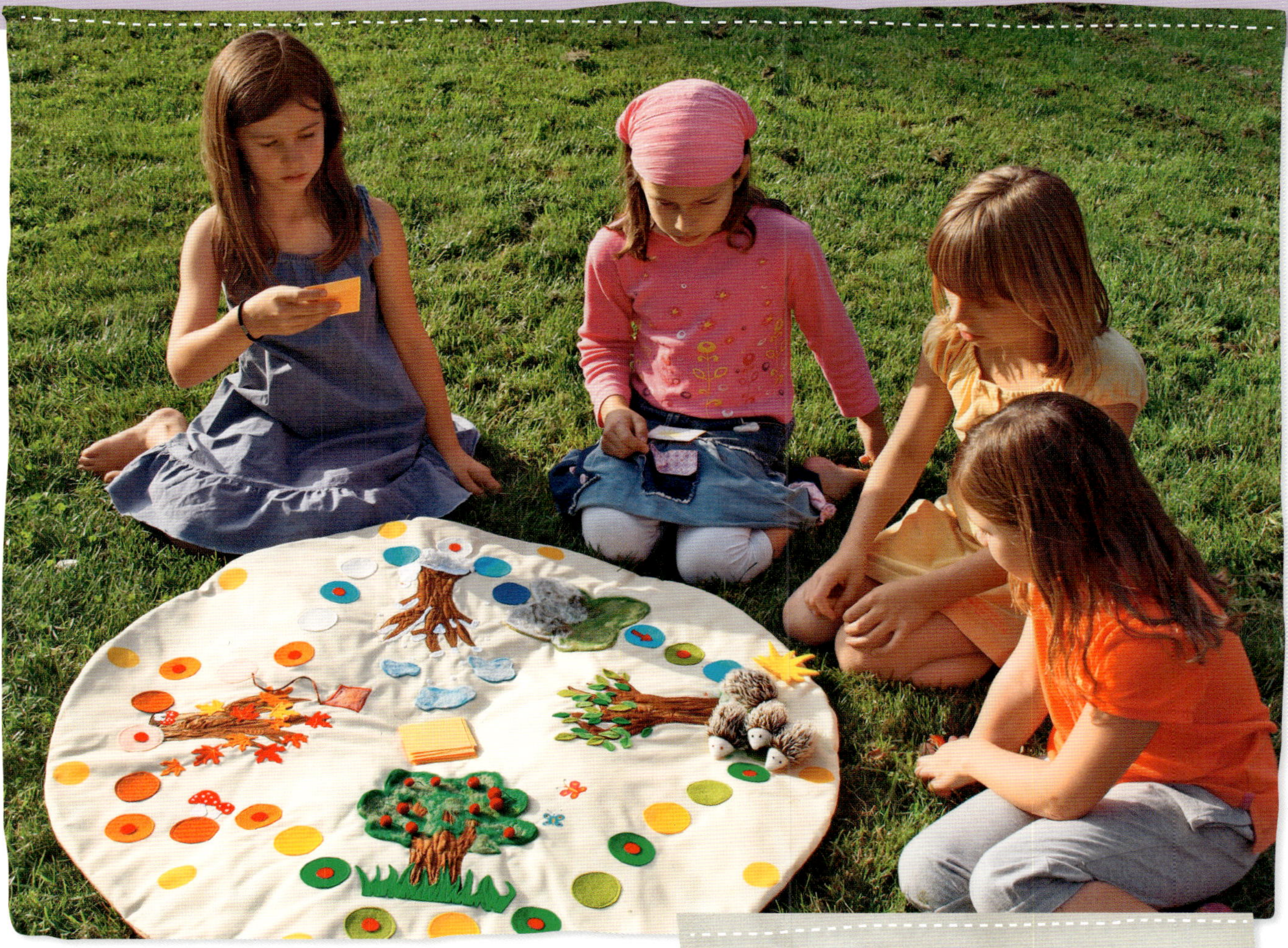

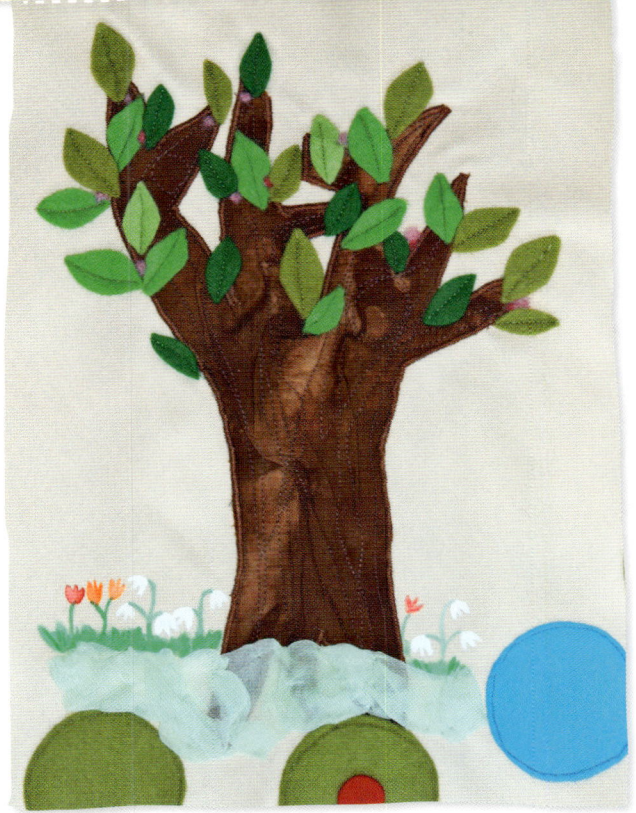

SO WIRD'S GEMACHT

Maße inkl. 1 cm Nahtzugabe.

Spielfeld

Den Baumwollköper vorwaschen und bügeln. Aus dem naturfarbenen (Vorderseite) und hellbraunen (Rückseite) Baumwollköper je 1 Kreis mit ø 100 cm zuschneiden. Die Spielfeldvorderseite in 4 Viertel einteilen (mit Heftfaden oder mit Stecknadeln markieren). Jedes Viertel entspricht einer der vier Jahreszeiten. Jede Jahreszeit erhält ihren typischen Baum.

4 Bäume

Den braunen Batikstoff und Uni-Baumwollstoff, das Volumenvlies und Vliesofix in 4 Stücke à ca. 22,5 mal 20 cm schneiden. Auf die Rückseite des braunen Uni-Baumwollstoffes jeweils Vliesofix bügeln. Das Trägerpapier abziehen, darauf bündig Volumenvlies und den Batikstoff mit der rechten Stoffseite nach oben legen.

Jeden der 4 Bäume mit Ästen und ggf. Wurzeln lt. Vorlage oder frei Hand quilten, dabei die Stoffschichten seitlich zusammendrücken und längsgerichtete Linien auf dem Stamm für eine plastische Struktur der Baumrinde mit Geradstich absteppen. Die Bäume dicht entlang der äußeren, gesteppten Konturen ausschneiden, mit Vliesofix lt. Schemazeichnung auf das Spielfeld aufbügeln. Die Kanten nach Belieben zusätzlich mit einem dichten Zickzackstich (Raupennaht) überdecken.

Frühlingsbaum: 25–30 Blätter lt. Vorlage oder in freier Gestaltung aus Bastelfilz in verschiedenen Grüntönen ausschneiden, Blätter auf dem Baum positionieren und nur die Blattadern durch Aufsteppen auf das Spielfeld „nachzeichnen". Hierdurch werden die Blätter auch auf dem Spielfeld festgenäht.

Sommerbaum: Die Baumkrone lt. Vorlage oder frei aus ca. 16 x 19 cm Bastelfilz zuschneiden, zusätzlich grüne Filzwolle mit einer Trockenfilznadel oder Embellisher auffilzen und (vor dem Applizieren des Baumes) auf das Spielfeld mit Buchbinderleim kleben,

ggf. an einigen Stellen einschlitzen, um Äste durchschieben zu können. Dann den zuvor vorbereiteten Baum mit Vliesofix aufbügeln, die Kanten mit dichtem Zickzackstich überdecken. Kirschen als kleine, runde Kügelchen nass filzen oder als Filzdeko kaufen und mit grünem Perlgarn (als Stiele) festnähen. Grasbüschel lt. Vorlage oder frei Hand aus dunkelgrünem Bastelfilz zuschneiden, aufkleben und mit dem Geradstich Graskonturen aufsteppen.

Herbstbaum: 10–12 Ahornblätter in Rot, Orange und Gelb lt. Vorlage oder frei Hand aus Bastelfilz zuschneiden, Blattadern mit dem Geradstich absteppen, auf und neben dem Baum aufkleben.

Für den Drachen ein Karo aus Seide (beliebige Farbe) zuschneiden und neben dem Herbstbaum mit Vliesofix und Zickzackstich applizieren. An den Drachen ein Stück Effektgarn als Drachenschwanz annähen oder mit Stielstich sticken. Am Fuß des Baumes einen Fleck Erde mit zwei Fliegenpilzen lt. Vorlage aufkleben und die Konturen mit dem Geradstich absteppen.

Winterbaum: Für den Schnee Flöckchen aus weißem Bastelfilz ausschneiden, auf den Baum kleben und mit glitzerndem Effektgarn frei Hand mit der Maschine besticken. Für die Wolken drei Wolkenformen aus hellblauem Bastelfilz frei Hand ausschneiden, etwas weiße Filzwolle mit einer Filznadel auffilzen und oberhalb des Winterbaumes mit Buchbinderleim aufkleben, die Konturen mit dem Geradstich absteppen.

Einen Schneemann aus 3 verschieden großen weißen Filzkreisen, orangefarbener Nase und 2 schwarzen Augen gestalten, aufkleben und Konturen mit dem Geradstich absteppen.

Die Seidengaze als Schnee mit wenigen Handstichen am Fuß des Baumes fixieren.

1 Igelnest
Das Igelnest lt. Vorlage aus dunkelgrünem Bastelfilz ausschneiden, dunkelgrüne und weiße Filzwolle mit der Filznadel trocken auffilzen, Nest aufkleben und die Konturen mit dem Geradstich absteppen.

31 Lauffelder
Aus Bastelfilz 31 Kreise mit ø 5 cm in den zu den Jahreszeiten passenden Farben (Grüntöne für Frühling/Sommer, Gelb/Orange/Rot für den Herbst, Blau/Hellrosa für den Winter) und 14 rote Kreise mit ø 2 cm zuschneiden. Die roten Kreise auf einige der großen Lauffelder (= Ereignisfelder) aufkleben. Für die Startfelder der Igel und der Sonne je 1 roten Pfeil ausschneiden und auf die entsprechenden Felder kleben. Die Kreise lt. Schemazeichnung auf dem Spielfeld aufkleben, alle Konturen mit dem Geradstich absteppen.

11 Sonnen-Lauffelder
11 gelbe Kreise mit ca. ø 5 cm am Spielfeldrand mithilfe eines Korkens oder Moosgummikreises aufdrucken oder mit Stoffmalfarbe und Plusterstift aufmalen.

Weitere Details
Das Spielfeld mit weiteren kleinen Details nach Belieben mit Stoffmalfarbe bemalen, z. B. Schmetterlinge (am Sommerbaum), Blumen (am Frühlingsbaum).

Spielfeld fertigstellen
Unter- und Oberseite rechts auf rechts stecken. Aus Volumenvlies einen Kreis mit ø 99 cm zuschneiden und mittig darüberlegen. Alle Lagen bis auf eine Wendeöffnung ringsum zusammennähen, dabei das Vlies nur knapp mitfassen. Die Nahtzugaben an den Rundungen einknipsen und verstürzen. Die Wendeöffnung von Hand mit Matratzenstich schließen.

1 Sonne (Spielfigur)
Aus dickem Bastelfilz 1 Sonne lt. Vorlage ausschneiden. Diese wird nicht auf dem Spielfeld befestigt, sondern „wandert" als Spielfigur auf den aufgedruckten Sonnen-Lauffeldern am Spielfeldrand entlang.

4 Igel (Spielfiguren)
Für jeden Igel 1 Schnittteil Rücken aus Igelstoff zuschneiden, dabei auf die Florrichtung des Fells achten (siehe Pfeil auf dem Schnittteil), sowie je 1

Schnittteil Schnauze und Bauch aus weichem, hellem Baumwollstoff zuschneiden. Linie A1 (Schnauze) und A2 (Rücken) rechts auf rechts zusammennähen. Anschließend Linie B1 und B2 (Rücken) zusammennähen, dafür das Schnittteil rechts auf rechts falten. Linie C1 (Rücken/Schnauze) und C2 (Bauch) rechts auf rechts bis auf eine kleine Wendeöffnung ringsum zusammennähen, verstürzen. Für die Augen je 2 gleichfarbige Rocailles von Hand aufnähen. Igel mit Füllwatte stopfen und die Wendeöffnung von Hand mit Matratzenstich schließen.

1 Würfel

Auf den Würfel mit Acrylfarbe oder einem wasserfesten Folienschreiber 1 Sonne und die Ziffern 1 (1-mal), 2 (2-mal) und 3 (2-mal) malen oder schreiben.

20 Karten (12 Frage- und 8 Ereigniskarten)

Auf 12 Karten (= Bildkarten) die Gegenstände malen, die man benennen kann und die in der Fremdsprache geübt werden sollen, z. B. die Wettervokabeln (siehe unten): Schneemann, Sonne, Wolke mit Blitz (Gewitter), Wolke mit Regentropfen (Regen), Regenschirm, Frühlings-/Sommer-/Herbst-/Winterbaum (= Jahreszeit); Wolke mit Schnee („es schneit"), Sonnenbrille.
Je 2-mal 4 verschiedene Ereigniskarten wie folgt bemalen (s. a. Kartenabbildungen oben):
1. Die Karte ist diagonal geteilt. Im oberen Dreieck ist eine Sonne abgebildet mit einer -1; im unteren Dreieck ein Igel mit einer -3. Zieht ein Spieler diese Karte, darf er entweder den Igel eines anderen Spielers um 3 Felder oder die Sonne um 1 Feld zurücksetzen. Hier muss der Spieler abwägen, was für ihn einen größeren Vorteil bringt.
2. Ein Blitz mit einem durchgestrichenen Kreis (wie das Symbol für „Durchmesser"): Der Spieler ist quasi vom Blitz „erstarrt" und muss 1 Runde aussetzen.
3. Eine Sonne und +3: Der Spieler darf 3 Felder vorrücken.
4. Eine Wolke, die den Wind darstellt, mit einer -2: Der Spieler wird um 2 Felder zurückgepustet.

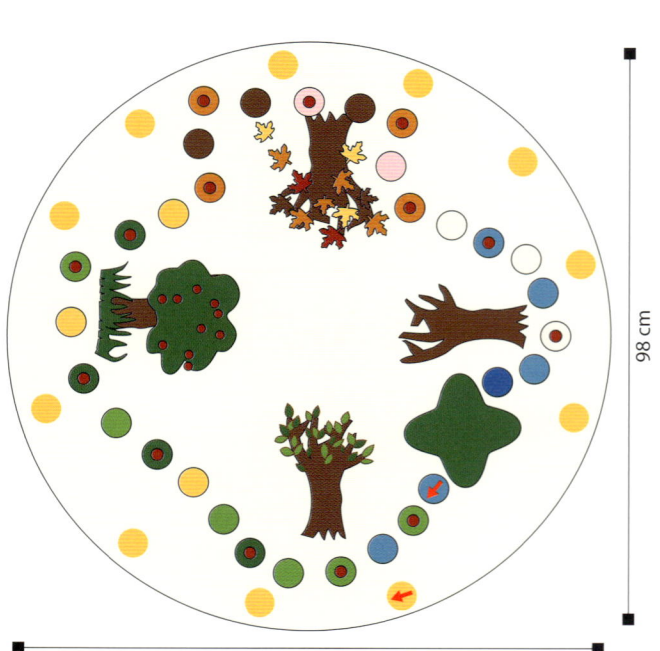

98 cm

98 cm

SPIELanLeitung

Inhalt: Spielfeld, 4 Igel, 1 Sonne, 1 Würfel, 12 Bildkarten, 8 Ereigniskarten

Vorbereitung: Jeder Spieler wählt einen Igel aus und platziert ihn im Igelnest. Die Bild- und Ereigniskarten werden gemischt und verdeckt als Stapel in die Mitte gelegt. Die Sonne wird auf das gelbe Sonnen-Startfeld (mit rotem Pfeil) gelegt. Der Spieler mit der höchsten Würfelzahl beginnt.

Spielverlauf

Vom Winterschlaf erwacht, laufen die Igel durch das Jahr, bis sie wieder in ihr Nest zurückkehren. Gewürfelt wird im Uhrzeigersinn. Die Igel rücken die gewürfelte Anzahl Felder ab Startfeld (Feld mit rotem Pfeil) vor. Gelangt ein Igel auf ein Feld mit rotem Punkt (= Ereignisfeld), wird eine Karte vom Stapel gezogen.

Hat der Spieler eine Bildkarte aufgedeckt, muss er den passenden Begriff zu dem Bild in der Fremdsprache nennen. Kennt er das Wort, darf er noch einmal würfeln. Hat er nicht das richtige Wort in der Fremdsprache genannt, bleibt sein Igel auf dem Feld stehen.

Wird eine Ereigniskarte (und keine Bildkarte) aufgedeckt, muss der Spieler seinen Igel entsprechend der Anweisung bewegen, z. B. 1 Runde aussetzen, vorrücken oder zurückgehen.

Wird eine Sonne gewürfelt, wird die Sonne im Uhrzeigersinn auf das nächste gelbe (gedruckte) Sonnenlauffeld am Rand des Spielfeldes gesetzt. Anschließend würfelt der nächste Spieler.

Bei der Ereigniskarte mit Sonne und Igel darf der Spieler entscheiden, ob er entweder den Igel eines anderen Spielers um drei Felder oder die Sonne um ein Feld zurücksetzt – je nachdem, was dem Spieler am günstigsten scheint, um selber bessere Gewinnchancen zu haben. Die Igel spielen somit gegeneinander, jedoch alle gemeinsam gegen die Sonne.

Spielende

Gewonnen hat der Igel, der zuerst wieder das Nest erreicht. Hat jedoch die Sonne das Jahr vor den Igeln durchlaufen, ist das Spiel zu Ende, und keiner der Igel hat gewonnen.

 bis  bis

Steppensafari

MATERIAL

Spielfeld
- Heller Baumwollköper, 150 cm breit: 110 cm (Vorderseite)
- Baumwollköper in Beige, 150 cm breit: 110 cm (Unterseite)
- Stoffmalfarben in verschiedenen Gelbtönen

Applikationen
- Bastelfilz: 10 x 30 cm in Braun, je 10 x 10 cm in Blau, Rot, Hell-, Dunkelgrün, Orange (Lauffelder)
- Feine Baumwolle in Braun: 60 x 100 cm (Bäume)
- Batik-Baumwollstoff in Braun: 60 x 50 cm (Bäume)
- Bastelfilz in Grau: 10 x 10 cm (Steine)
- Filzwolle in verschiedenen Grüntönen (Bäume)
- Seidenchiffon/-gaze oder -pongé und Folie: 65 x 40 cm (Wasserloch)
- Seidenmalfarben in verschiedenen Blautönen
- Hellbrauner Bast, Kunstgras (Gräser)

16 Spielfiguren
- 16 Blanko-Holzspielfiguren (Körperkegel und Kopfkugel), ca. 7 cm hoch
- Acrylfarbe in Schwarz, Weiß, Gelb (alternativ: wasserfeste Stifte)
- Bastelfilz: 20 x 30 cm in Dunkelgrau, 10 x 25 cm in Hellgrau, 15 x 60 cm in Gelb, 15 x 40 cm in Braun, 15 x 30 cm in Schwarz, 15 x 15 cm in Weiß

Spielkarten
- 33 Blanko-Spielkarten
- 1 Rommé-Kartenspiel

HILFSMITTEL
Großporiger Schwamm, Pinsel (Seidenmal-/Acrylfarbe), schwarzer wasserfester Folienschreiber, Trickmarker, Buchbinderleim, Trockenfilznadel

VORLAGEN
Seite 89: Schemazeichnung Spielfeld; Seite 95: Inhalte der Ereignis-/Fragekarten; Seite 107: Giraffe, Löwe, Elefant, Zebra; Vorlagenbogen A: Baum 1–2

Ein spannender Wettlauf mit vielen Ereignissen

Schon die ganz Kleinen werden mit diesem Gesellschaftspiel an das Erkennen von Zahlen auf Spielkarten herangeführt und üben das richtige Zählen auf dem Spielfeld. Das Spiel wird ohne Würfel gespielt! Auch das „Verlierenkönnen" und das faire Miteinander werden hier gefördert.

SO WIRD'S GEMACHT
Maße inkl. 1,5 cm Nahtzugabe.

Spielfeld
Aus hellem und beigefarbenem Baumwollköper jeweils 100 x 100 cm zuschneiden. Mit dem trockenen Schwamm Stoffmalfarben in verschiedenen Gelbtönen auftragen. Die Farbe nach Trocknung von der Rückseite einbügeln.

1 Wasserloch
Seide auf eine Folie legen. Seidenmalfarben in verschiedenen Blautönen mit Pinsel und viel Wasser auftragen. Die Farbe nach Trocknung lt. Herstellerangaben fixieren.

4 Baumstämme
Den Baumwollstoff in 2 Rechtecke à 60 x 50 cm zuschneiden. 4 Bäume lt. Vorlage oder in freier

Schwierigkeitsgrad: ✱✱ 12–14 Std. 96 x 96 cm

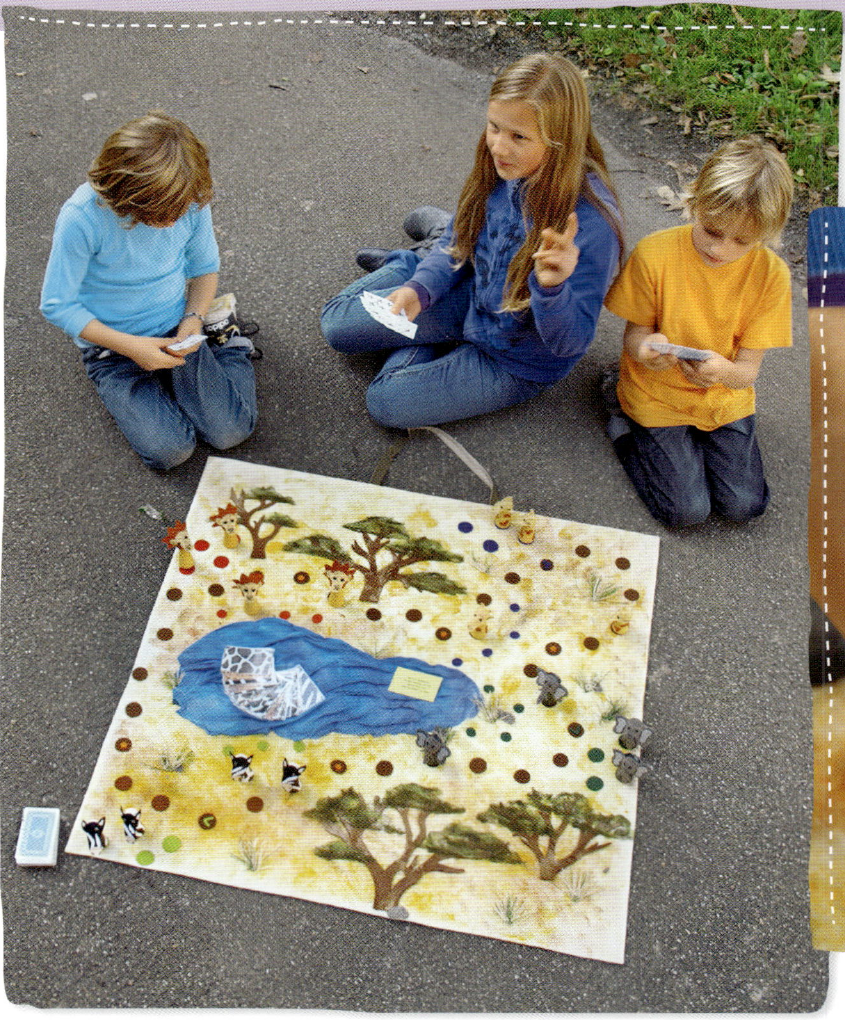

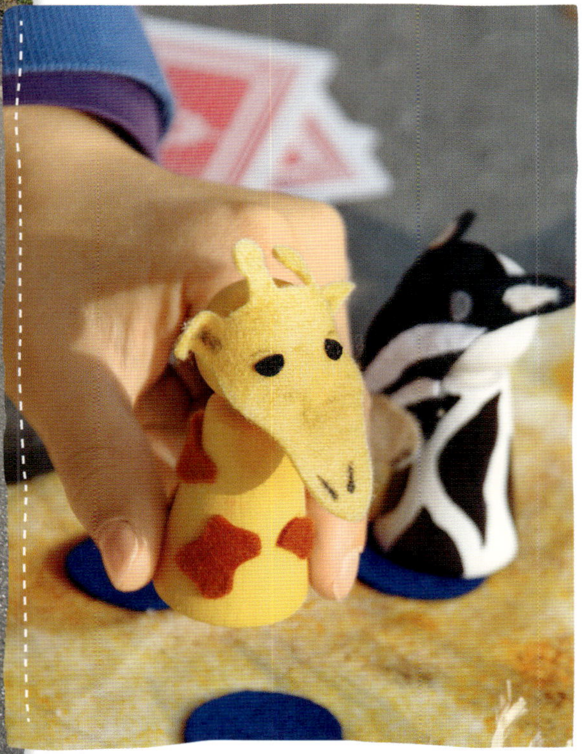

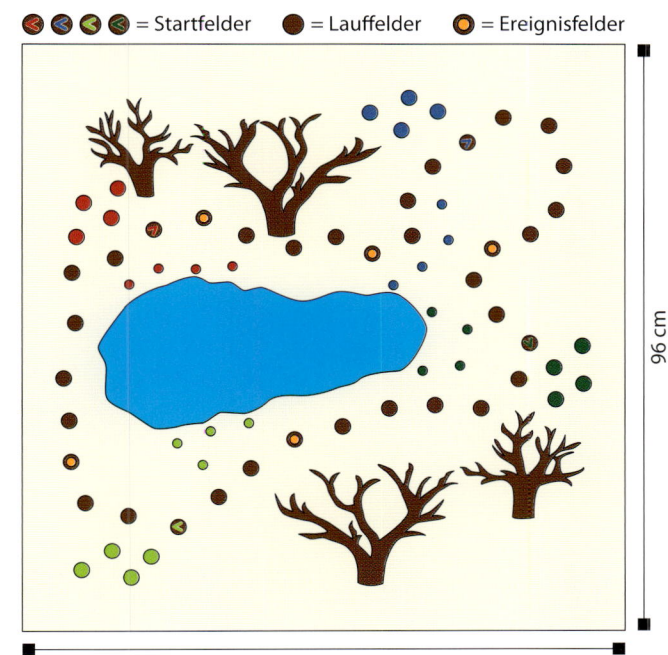

Gestaltung mit einem Trickmarker auf einen Zuschnitt (rechte Seite) übertragen. Die beiden Zuschnitte links auf links aufeinanderlegen (rechte Seiten sind sichtbar), den braunen Bastelfilz dazwischenlegen und die Baumkonturen mit dem Geradstich absteppen. Die dickeren Teile der Stämme zusätzlich mehrmals parallel zu den Kanten absteppen. Die 4 Bäume knapp entlang der Naht ausschneiden.

68 Lauf- und Zielfelder

Aus braunem Bastelfilz 36 Kreise mit ø 2,5 cm, aus blauem, rotem, hell- und dunkelgrünem Bastelfilz je 4 Kreise mit ø 2,5 cm, je 4 Kreise mit ø 1,5 cm und je einen Pfeil in V-Form mit ø 1,5 cm, aus orangefarbenem Bastelfilz 5 Kreise mit ø 1 cm ausschneiden. Die Pfeile und die orangefarbenen Kreise jeweils auf einen braunen Kreis kleben.

= Startfelder
= Lauffelder
= Ereignisfelder
96 cm
96 cm

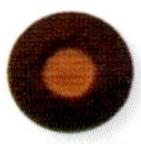

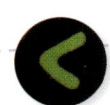

Steine

Aus grauem Bastelfilz 4 Steine in freier Gestaltung (max. ca. 3 x 2 cm groß) ausschneiden.

Fertigstellung

Die Seide für das Wasserloch wellig und locker (nicht flach) auf dem Spielfeld positionieren und eine leicht gebauschte, ovale Form herstellen, mit kurzen Stepp-stichen von Hand annähen. Die Baumstämme von Hand festnähen. Für die Baumkronen um die oberen Äste herum Filzwolle in verschiedenen Grüntönen trocken auffilzen. Die Lauffelder mit Buchbinderleim lt. Schemazeichnung auf das Spielfeld kleben.
Die Rückseite rechts auf rechts bündig auf die gestal-tete Vorderseite legen, ringsum bis auf eine 15–20 cm große Wendeöffnung zusammennähen und verstür-zen. Die Wendeöffnung von Hand mit Matratzenstich schließen.

16 Spielfiguren

Je 4 Blanko-Spielkegel aus Holz mit Filzresten und Stoffmalstiften lt. Vorlagen als Giraffe, Löwe, Elefant und Zebra ausgestalten. Mit Buchbinderleim auf die Holzkegel kleben.

33 Spielkarten

Auf 33 Blanko-Spielkarten die Inhalte der Ereignis- und Fragekarten schreiben (siehe Seite 95). (Alternativ die Vorlagen auf Papier schreiben/ausdrucken und laminieren.)

> **TIPP**
> Die Rückseiten der Ereignis- und Aufgabenkarten mit Tiermusterpapieren bekleben. Die Rommé-Karten durch individuell gestaltete Karten mit eigenen Symbolen ersetzen.

Bedeutung der Rommé-Spielkarten

Ass/König Start oder 10 Felder vor
Dame/Bube: 5 Felder vor
Zehn: 10 Felder vor
Neun: 9 Felder vor
Acht: 8 Felder vor
Sieben: 7 Felder vor (kann auf die eigenen Spielfiguren in eine beliebige Anzahl Schritte vorwärts aufgeteilt werden)
Sechs: 6 Felder vor
Fünf: 5 Felder vor
Vier: 4 Felder vor- oder rückwärts
Drei: 3 Felder vor
Zwei: 2 Felder vor
Joker: Kartenwert darf nach Bedarf gewählt werden

SPIELANLEITUNG

Inhalt: Spielfeld, 16 Tier-Spielfiguren (4 pro Spieler), 15 Aufgabenkarten (inkl. Antworten), 18 Ereignis-karten, 1 Rommé-Kartenspiel (die Zahlen auf den Karten ersetzen den Würfel)

Vorbereitung: Jeder Spieler erhält 4 gleiche Tier-Spielfiguren und stellt diese auf die kleinen Felder seiner Farbe. Jedes mitspielende Kind erhält 3 Spielkarten aus dem Rommé-Spiel, die verdeckt gezogen werden. Die Ereignis- und Aufgabenkarten werden gemischt und als Stapel mit der Rück-seite nach oben neben das Spielfeld gelegt.

Spielverlauf

Der jüngste Spieler beginnt. Um den ersten Spielzug machen zu können, muss er einen König, einen Joker oder ein Ass besitzen. Ist dies nicht der Fall, muss er alle Karten ablegen und der nächste Spieler (im Uhrzeigersinn) ist an der Reihe. Besitzt er eine dieser Karten, legt er eine davon ab, und eine seiner Spielfiguren kann auf die Reise gehen. Die Spielfigur wird dann auf das eigene Startfeld (Feld mit dem Pfeil) gestellt. Dann ist der nächste Spieler (im Uhrzeigersinn) an der Reihe.

Wenn jeder Spieler einmal an der Reihe war, ist die erste Runde vorbei. In der zweiten und dritten Runde können nur diejenigen Spieler mitspielen, die noch Karten auf der Hand haben (also in der ersten Runde ihre Karten nicht komplett ablegen mussten). Sie können ihre Tiere wandern lassen, indem sie eine beliebige Karte ablegen. Das Tier darf so viele Felder vorwärtslaufen, wie der Wert der Spielkarte erlaubt (siehe „Rommé-Spielkarten"). Wenn eine Startkarte abgelegt wird, kann eine weitere Spielfigur auf die Reise geschickt werden. Das Startfeld muss jedoch frei sein.

In der vierten Runde erhält jeder Spieler 3 neue Karten. Die Steppensafari geht weiter. Wenn ein Spieler auch in der vierten Runde keine Startkarte auf der Hand hat, darf eine seiner Spielfiguren dennoch mit der Reise beginnen.

Ist eine Spielfigur auf Safari, muss in jeder Runde eine Karte abgelegt und deren Kartenwert aus-geführt werden (Zugzwang), auch wenn dadurch unter Umständen nachteilige Schritte gemacht werden. Benötigt eine Spielfigur für den Zieleinlauf (die vier farbigen Felder am Wasserloch) eine „5" und kann nur eine „6" ablegen, bedeutet dies, dass dieses Tier eine weitere Runde laufen muss. Die Spielfigur wird also wieder auf das Startfeld mit dem Pfeil gesetzt.

Gelangt eine Spielfigur auf ein braunes Lauffeld mit orangenem Punkt, wird von einem Mitspieler eine Karte vom Stapel der Ereignis- und Aufgabenkarten aufgedeckt und vorgelesen. Der Spieler muss die Aktion ausführen oder die Frage, die auf der Karte steht, beantworten. Ist seine Antwort richtig, rückt er 1 Feld vor, ist seine Antwort falsch, geht er 1 Feld zurück.

Spielende

Jede Spielfigur muss einmal im Uhrzeigersinn (= Pfeilrichtung des Startfeldes) das gesamte Spielfeld umlaufen, um das Wasserloch zu erreichen. Wer mit seinen 4 Spielfiguren zuerst am Wasserloch (auf den kleinen farbigen Feldern am Wasserloch) angekommen ist, hat gewonnen.

Spielkarteninhalte

Hand and foot – main et pied
(Seite 12)

Spielanweisungen in kurzer und ausformulierter Version.

• Kurze Version (einfach, für jüngere Spieler)

Deutsch		Englisch / English		Französisch / Français	
linke(r)	rechte(r)	left	right	la main	le pied
Hand	Fuß	hand	foot	gauche	droit(e)
auf		on		sur	
rot	gelb	blau	grün	red	yellow	blue	green	rouge	jaune	bleu	vert(e)

• Längere Version (schwieriger, für ältere Spieler)

Deutsch		Englisch / English		Französisch / Français	
Stelle deine(n)		Put your		Mets	
linke(n)	rechte(n)	left	right	ta main	ton pied
Hand	Fuß	hand	foot	gauche	droit(e)
auf ein		on a		sur un	
rotes	gelbes	blaues	grünes	red	yellow	blue	green	carré			
Feld		square		rouge	jaune	bleu	vert

Ma-De-Spo
(Seite 74)

Für jedes der 3 Themengebiete (Deutsch, Mathematik, Sport) je 16 Karten mit einer Aufgabe nach folgenden Mustern oder neu ausgedachten Aufgaben beschriften. Die Karten, die zu einem Themengebiet gehören, auf der Rückseite mit den dazugehörigen Symbolen (ABC, 123, Füße) verzieren und im dazugehörigen Säckchen verstauen (= 48 Aufgabekarten).

DEUTSCH
Finde den Außenseiter
• Großbritannien – Island – Grönland – Russland
• Tennis – Basketball – Federball – Fußball
• Pflanze – Baum – Holz – Ast
• Spatz – Lärche – Nachtigall – Schwalbe
• Gurke – Möhre – Tomate – Pfirsich
• Delfin – Aal – Lachs – Karpfen
• Tasche – Kasse – Lasche – Flasche
• brennen – trennen – kennen – dehnen
• Sachen – tauchen – machen – entfachen
• kippen – tippen – sieben – nippen
• Bein – Hals – Sieb – wichtig
• Kälte – kalt – frostig – kühl

Bilde ein Nomen (Hauptwort)!
• ändern, anstellen, verändern, auffordern, aufführen, bedeuten, beerdigen, begegnen, begeistern, behindern, beleidigen, belohnen, beschäftigen, ehren, empfehlen, entführen, genehmigen, impfen, kosten, kühlen

Setz die richtigen Formen ein!

Beispiel: singen, sie singt, sie sang

- klingen, es ..., es ...
- lachen, ich ..., ich ...
- machen, ich ..., ich ...
- wachen, ich ..., ich ...
- winken, er ..., er ...

Aktiv oder Passiv?

- Ich gehe schwimmen.
- Du wirst gelobt.
- Das Wetter wird vorausgesagt.
- Die Rakete startet.
- Die Arbeit wird gemacht.
- Thomas führt seinen Hund spazieren.
- Claudia zieht in eine neue Wohnung.

Finde in den folgenden Sätzen den Nominativ!

- Das Mädchen hat ein blaues Kleid an.
- Mein Bett ist sehr bequem und kuschelig.
- Der Junge spielt gern Fußball.
- In zwei Wochen werden die Zeugnisse vergeben.

Welche Wörter gehören zur selben Wortfamilie?

- schmerzhaft – Himmel – Schmerz – Haus – schmerzen – Pflaster – Trost
- Gebäude – Mörtel – Wasser – Baustelle – bauen – arbeiten – baufällig
- laufen – fahren – hüpfen – Gefährt – Zugfahrkarte – verfahren – Fahrrad
- schlafen – träumen – einschlafen – Mond – Schlaf – verschlafen – schläfrig

MATHEMATIK

Wandle in die angegebene Einheit um:

- 1 m = ... dm
- 30 mm = ... cm
- 4,3 km = ... m

Welche Zahl fehlt?

- 1, 2, 4, 5, 6
- 100, 200, 300, 500, 600
- 4, 9, 16, 36, 49
- 5, 10, 15, 25, 30

Rechne!

- 23 + 4 = ...
- 54 : 6 = ...
- 87 – 9 = ...
- 3 x 8 = ...

Zehner und Einer – wie heißt die Zahl?

- 5Z 7E, 6Z 8E, 1Z 9E, 5Z 2E

Rechne!

- Deutschland hat im 1. Spiel 4 Tore gegen Australien geschossen. Gegen Ghana schafften sie 1 Tor. Im 3. Spiel waren es 4 Tore gegen England. Ebenfalls 4 Tore erzielten sie gegen Argentinien.
  Frage: *Wie viele Tore hat Deutschland bis zum Halbfinale insgesamt geschossen?*
- Sebastian Schweinsteiger sagt: Ich war bei 20 Länderspielen dabei. Philipp Lahm: Ich war bei 8 Spielen mehr dabei.
  Frage: *Wie viele Länderspiele hat Philipp Lahm gespielt?*

Schreib die Zahl in Ziffern!

- siebentausendachtunddreißig
- neuntausendfünfhundertundeins
- viertausendsechshundertneunzig

SPORT

Such dir einen Gegner!

- Wer kann schneller von einer Wand zur anderen hüpfen?
- Wer ist stärker im Armdrücken?
- Wer schafft mehr Liegestütze?
- Wer schafft einen Handstand?
- Wer kann länger Seilspringen?
- Wer kann mit seinem Partner schneller von einer Wand zur anderen laufen?
- Wer kann seinen Partner schneller von einer Wand zur anderen Wand huckepack tragen?
- Wer schafft die meisten Sit-ups?
- Tauziehen: Welche Gruppe hat die meiste Kraft?
- Wer kann länger auf einem Bein stehen?
- Wer kann länger Hula-Hoop spielen, ohne dass der Reifen herunterfällt?
- Wer kann länger auf einem Bein hüpfen?
- Wer kann länger auf einen Punkt schauen, ohne zu blinzeln?
- Wer kann länger mit einem Ball dribbeln?
- Wer schafft es, auf allen vieren schneller von einer Wand zur anderen zu kommen?
- Wer kann weiter springen?

Abenteuer Wiese

(Seite 78)

*Je 1 Karte auf derselben Seite mit Frage und dazuge-
höriger Antwort beschriften (= 36 Fragekarten).*

- **Was frisst die Biene?** a) Nektar b) Zuckerrohr
  c) Bonbons [*Nektar*]
- **Wie verständigen sich Bienen?** a) Summen
  b) durch einen Tanz c) Stampfen [*durch einen Tanz*]
- **Was produzieren Bienen?** a) Wachs b) Pollen
  c) Honig [*Honig*]
- **Was wird aus den Samen einer Sonnenblume
  gewonnen?** a) Saft b) Öl [*Öl*]
- **In welche Richtung zeigt die Blüte der Sonnenblume?** a) zur Sonne b) zur Biene [*zur Sonne*]
- **Welcher Vogel fliegt im Winter in den Süden?**
  a) Rotkehlchen b) Storch [*Storch*]
- **Welcher Pilz ist giftig?** a) Steinpilz b) Fliegenpilz
  c) Pfifferling [*Fliegenpilz*]
- **Welchen Pilz nimmt man zum Brotbacken?**
  a) Hefepilz b) Steinpilz [*Hefepilz*]
- **Wo findet man Pilze?** a) an feuchten Stellen b) an
  trockenen Orten [*an feuchten Stellen*]
- **Welche Blume blüht im Sommer auf der Wiese?**
  a) Krokus b) Margerite c) Tulpe [*Margerite*]
- **Welche der Uhren gibt es wirklich?** a) Wolkenuhr
  b) Himmeluhr c) Sonnenuhr [*Sonnenuhr*]
- **Wenn es regnet und gleichzeitig die Sonne
  scheint, entsteht …?** a) ein Gewitter b) ein Regenbogen [*ein Regenbogen*]
- **Wenn man zu lange in der Sonne war, bekommt
  man einen …?** a) Bienenstich b) Sonnenstich [*Sonnenstich*]
- **Welcher Vogel legt seine Eier in fremde Nester?**
  a) Uhu b) Kuckuck [*Kuckuck*]
- **Welche Farbe hat das Amselweibchen?**
  a) Schwarz b) Braun [*Braun*]
- **Welches Tier ist der größte Fressfeind eines
  Regenwurms?** a) Fuchs b) Vogel [*Vogel*]
- **Warum heißen Regenwürmer eigentlich Regenwürmer?** a) weil sie Regen mögen b) weil sie gerne
  schwimmen [*weil sie Regen mögen*]
- **Wo findet man Regenwürmer?** a) in der Sonne
  b) im Kompost c) im trocknen Sand [*im Kompost*]
- **Die niedrigste Wolke ist …?** a) der Rauch
  b) der Nebel c) der Tau [*der Nebel*]

- **Woraus bestehen Wolken?** a) aus sehr kleinen Wassertropfen b) aus kleinen Hagelkörnern c) aus Watte [*aus sehr kleinen Wassertropfen*]
- **Wie nennt man die Funken bei einem Gewitter?** a) Donner b) Blitze [*Blitze*]
- **Wie nennt man das Oberhaupt der Ameisen?** a) Königin b) Kaiserin [*Königin*]
- **Woraus besteht ein Ameisenhaufen?** a) aus Erde und Tannennadeln b) aus Holz und Lehm [*aus Erde und Tannennadeln*]
- **Wie wehren sich Ameisen bei Gefahr?** a) Sie verspritzen Ameisensäure. b) Sie stellen sich tot. [*Sie verspritzen Ameisensäure.*]
- **Zu welcher Tageszeit geht ein Igel auf die Jagd?** a) mittags b) abends [*abends*]
- **Was frisst ein Igel?** a) Schnecken b) Heu c) Tannennadeln [*Schnecken*]
- **In welcher Jahreszeit hält ein Igel Winterschlaf?** a) im Sommer b) im Winter [*im Winter*]
- **Was frisst eine Feldmaus?** a) Getreidekörner b) Käfer c) Raubvögel [*Getreidekörner*]
- **Halten Mäuse Winterschlaf?** a) Ja. b) Nein. c) Mäuse schlafen nicht. [*Nein.*]
- **Wo lebt die Feldmaus?** a) in einem Nest im Gras b) in einer Höhle unter der Erde c) in einem Nest auf dem Baum [*in einer Höhle unter der Erde*]
- **Was frisst ein Kaninchen?** a) junge Vögel b) Eier c) Gräser [*Gräser*]
- **Wo lebt das Kaninchen?** a) in einem Bau unter der Erde b) in einem Teich c) auf dem Baum [*in einem Bau unter der Erde*]
- **Der Fressfeind des Kaninchens ist …?** a) der Fuchs b) der Hase c) der Hamster [*der Fuchs*]
- **Was frisst ein Schaf?** a) kleine Vögel b) Ringelwürmer c) Pflanzen [*Pflanzen*]
- **Was fressen Störche am liebsten?** a) Frösche und Fische b) Wasserpflanzen c) alles [*Frösche und Fische*]
- **Wie nennt man eine Gruppe von Schafen?** a) eine Herde b) einen Schwarm [*eine Herde*]

Steppensafari
(Seite 88)

FRAGEKARTEN
Je 1 Karte auf derselben Seite mit Frage und dazugehöriger Antwort beschriften (= 15 Fragekarten).

- **Ist Afrika ein Land oder ein Kontinent?** [*ein Kontinent*]
- **Was ist die Sahara?** [*die größte Wüste der Welt*]
- **Wie heißt der höchste Berg Afrikas?** [*Kilimandscharo*]
- **Ein flinkes, kleines Tier mit „A"?** [*Affe*]
- **Ein kunterbuntes Tier, das Nüsse knackt?** [*Papagei*]
- **Ein Streifentier aus Afrika?** [*Zebra*]
- **Was ist ein Marabu?** [*ein Vogel*]
- **Ein Tier, das seine Farben wechseln kann?** [*Chamäleon*]
- **Ein Hauptnahrungsmittel in Afrika?** [*Reis*]
- **Ein Tier mit einem „Horn auf der Nase"?** [*Nashorn*]
- **Nenne drei Raubtiere!** [*Löwe, Leopard, Tiger, Jaguar, Gepard*]
- **Tiere, die in der Karawane umherziehen?** [*Kamele oder Dromedare*]
- **Eine Frucht, die an Palmen wächst?** [*Dattel, Kokosnuss, Banane*]
- **Wer hat mehr Halswirbel – Mensch oder Giraffe?** [*beide gleich viel (7)*]
- **Welches Tier steckt angeblich seinen Kopf bei Gefahr in den Sand?** [*Strauß*]

EREIGNISKARTEN
Je 3 Karten mit derselben Anweisung beschriften (= 18 Ereigniskarten).

- Bäume versperren dir den Weg. Gehe 2 Felder zurück.
- Es hat sehr viel geregnet. Wegen des Hochwassers musst du 1 Runde aussetzen.
- Heute kommst du gut voran. Würfle noch einmal.
- Du treibst mit dem Fluss 3 Felder vorwärts.
- Ein Sturm wütet. Tausch den Platz deiner Spielfigur mit dem eines Mitspielers.
- Du bist schneller als der Spieler vor dir. Setz dich auf das Spielfeld vor ihm.

Nähtechniken

Zuschneiden

Stoffe vor dem Zuschneiden gemäß der geeigneten Waschtemperatur waschen, trocknen und bügeln. Zuschnittmaße sind inkl. der erforderlichen Nahtzugaben angegeben, Vorlagen und Schnittteile sind ohne Nahtzugabe gezeichnet (falls nicht anders angegeben). Die Stoffbreite verläuft von Webkante zu Webkante, die Länge wird vom Stoffballen abgeschnitten. Schnitt gemäß dem Fadenlauf parallel zur Webkante auflegen, halbe Schnittteile (mit Stoffbruch markiert) im Stoffbruch, d. h. an der umgelegten Stoffkante kantenbündig anstecken, evtl. den Stoffbruch verlegen (also nicht die Webkanten bündig aufeinanderlegen, sondern parallel versetzen). Um die Schnittteile herum die angegebene Nahtzugabe mit Stoffkreide, Schneiderkopierpapier oder Trickmarker anzeichnen.

Nahtzugaben

Bei den Spielen sollte man bei Teilen mit gegengleichem Zuschnitt immer eine einheitliche Nahtzugabe einhalten (wie in der Anleitung angegeben). Zugabe mit Kreide auf Stoff parallel zur Kante des Schnittteils anzeichnen (z. B. mit Schneiderkreide oder einem Trickmarker), füßchenbreit nähen (0,75–1 cm) oder einen Abstandhalter verwenden

Verstürzen (Stoffe zusammennähen und wenden)

Stoffe rechts auf rechts legen (die Ober- bzw. Außenseiten liegen dann innen). Naht entlang der Nahtmarkierung ausführen. In der Mitte einer möglichst geraden Nahtstrecke (nicht an der Ecke) für die Wendeöffnung entsprechend der Stärke der Stoffe 5–12 cm aussparen. Die Naht vor und nach der Öffnung mit Rückstichen sichern. Nahtzugaben einknipsen, Naht ausbügeln, nach dem Verstürzen von Hand mit Matratzenstich schließen.

Einarbeiten von Volumenvlies

Volumenvlies nach Angabe zwischen 2 Stoffschichten oder obenauf stecken, die 3 Lagen zusammensteppen. Nahtzugabe des Volumenvlieses zurückschneiden.

Einfache Naht

Stoffkanten mit dem Zickzack- oder Overlockstich versäubern und bündig rechts auf rechts (die Ober- bzw. Außenseiten liegen dann innen) legen. Kanten quer zur Nahtmarkierung stecken und mit der angegebenen Nahtzugabe entlang der markierten Nahtlinie zusammennähen. Naht auseinanderbügeln und wenden. Die Nahtzugaben liegen nun auf der linken Stoffseite.

Doppelnaht (auch Rechts-Links-Naht oder Französische Naht genannt)

Erste Naht: Oberseiten liegen außen (links auf links), Naht ausbügeln, dann Nahtzugaben zusammengefasst auf 0,4–0,5 cm zurückschneiden. Naht wenden und so bügeln und stecken, dass die erste Naht im Bruch liegt (rechts auf rechts, Oberseiten liegen nun innen). Zweite Naht parallel zur ersten, dabei die Nahtzugaben der ersten Naht einschließen.

Dreifachstich (Nähmaschine)

Bei einigen Nähmaschinen kann man statt dem Geradstich einen stabilen dreifachen Stich einstellen, der sich für strapazierte Nähte eignet (z. B. Schrittnaht Dreibeinhose). Er näht dreimal auf derselben Stelle vor und zurück.

Kappnaht

Für eine einfache Kappnaht den Stoff rechts auf links legen, die untere Kante steht nahtzugabenbreit vor. Entlang der zurückliegenden Kante nahtzugabenbreit entfernt nähen, die Naht ausstreichen und umschlagen, sodass die vorgeschobene Kante die zurückliegende überdeckt. Die vorgeschobene Kante wird eingeschlagen und knappkantig aufgesteppt. Die Kappnaht kann nach außen oder nach innen gerichtet ausgearbeitet werden.

Schräg verengt abnähen

Notwendig an Stoffkanten, die z. B. nach außen schräg (konisch) verlaufen (z. B. beim Sternenzelt) und mit einem Saum versehen werden sollen. Den

Saum vor dem Stoffschnitt zuerst legen, dann entsprechend der Nahtzugabe zuschneiden. Es ergibt sich ein gezackter Verlauf an den äußeren Kanten, der entsprechend genäht wird, sonst wird der Saum innen zu weit.

(Standard-)Beutel mit Zugtunnel (durchlaufender Saum)

Bruchkante des Umschlags für den Tunneldurchzug am oberen Saum markieren. Je nach Saumbreite ca. 1–2 cm von der oberen Bruchkante entfernt eine Strecke für den Tunnelzug (Loch zum Durchziehen, Breite gemäß der Kordel oder dem Zugband) seitlich einzeichnen. Liegt das Loch unterhalb der markierten Bruchkante, wird die Kordel später von außen zugezogen, liegt es oberhalb der Bruchkante, wird sie nach innen zugezogen. Die seitlichen Beutelkanten und evtl. auch die untere (falls diese nicht im Stoffbruch liegt) versäubern und rechts auf rechts zusammennähen, dabei die eingezeichnete Strecke offen lassen, Naht an beiden Seiten der Öffnung mit Rückstichen sichern. Saum an der oberen Kante mit Einschlag und Umschlag arbeiten und mit dem Schmalkantfuß von innen her knappkantig absteppen. Band oder Kordel mit einer Sicherheitsnadel einziehen.

(Standard-)Beutel mit beidseitigen Schlitzen

Alternativ Seitennähte nähen, beidseitig einen kleinen Schlitz zu den oberen Bruchkanten hin offen lassen, Saum über den Schlitz arbeiten, dabei Einschläge knappkantig absteppen. Die Schmalkanten an den Schlitzen für den Kordeldurchzug offen lassen.

Breite Bänder

Das Band entlang den Längskanten rechts auf rechts zur Hälfte legen und i. d. R. füßchenbreit absteppen, dabei eine Schmalkante mit absteppen, die andere offen lassen. Bei Bändern, die nur als Zugbänder dienen und nicht eingenäht werden, beide Schmalkanten absteppen und eine Wendeöffnung in der Mitte der Längsnaht lassen. An den Ecken Stich verkleinern, Ecken schräg beschneiden, Nahtzugaben ausbügeln, über die zugenähte Schmalkante bzw.

durch das mittige Wendeloch wenden. Naht seitlich belassen (ungleiche Höhen) und knappkantig absteppen, alternativ die zugenähte Schmalkante abschneiden und Naht auf Mitte bügeln (gleiche Höhen), Schmalkanten einschlagen und rundum knappkantig absteppen.

Schmale Bänder

Bei schmalen Stoffstreifen Längskanten aufeinanderlegen, Bruch (Mittelachse) einbügeln. Wieder aufklappen und Längskanten jeweils zum Bruch hin falten, bügeln. Die Faltkanten (Bruchkanten) exakt längs aufeinanderlegen, von der rechten Seite mit dem Schmalkantfuß knappkantig zusammensteppen, nach Belieben auch an der andern Faltkante steppen. Die schmalen Bänder mit einer Sicherheitsnadel in die Tunnelsäume einziehen, z. B. 2 Bänder gegengleich einziehen, Sicherheitsnadel entfernen, Enden verknoten.

Applizieren mit Vliesofix

Das Motiv mit Fadenlauf seitenverkehrt auf die Papierseite zeichnen und das Motiv zunächst großzügig ausschneiden. Auf die linke Stoffseite des Applikationsstoffes aufbügeln. Nun entlang der Konturen exakt ausschneiden (ohne Nahtzugaben), dann das Trägerpapier abziehen und das Motiv auf die rechte Seite des Hintergrundstoffes an der gewünschten Position fadenlaufgerecht aufbügeln. Stickvlies (nicht bügelbar) auf der linken Stoffseite unterlegen. Die Kanten zusätzlich mit einem engen Zickzackstich (Raupennaht/Satinstich) überdecken (Stichlänge 0,2–0,3 mm, Stichbreite 2,2–3 mm). Nicht fransende Stoffe (z. B. Bastelfilz) können knappkantig mit dem Geradstich appliziert werden.

Aufnähen von Klettband

Das Klettband knappkantig mit dem Geradstich festnähen. Falls der Fuß bei der Häkchenseite abrutscht, kann man auch einen Reißverschlussfuß nehmen und die Nadel versetzen. Am besten zweimal ringsum nähen, da die Nähte durch das ständige Aufreißen stark beansprucht werden.

Material

Acrylfarbe

Synthetische Farbe mit lasierender Wirkung; spezielle Effekte durch Überlagerung von Farbtönen, mit Wasser verdünnbar, vor Trocknung auswaschbar, nach Trocknung wasserfest. Eignet sich nicht für textile Untergründe.

Bastelfilz (Bastelvlies)

Maschinell vernadeltes, synthetisches Vlies in 1 mm dünner oder ca. 3,5 mm dicker Ausführung. Die Kanten fransen nicht. Erhältlich auf der Rolle (i. d. R. 80–90 cm breit, 5 m lang) oder als Zuschnitte. Waschbarkeit ist möglich, aber eingeschränkt.

Buchbinderleim (z. B. Planatol BB, Planatol 945)

Universeller geruchsfreier, ungiftiger Leim mit elastischer Klebeverbindung zwischen Papier, Karton und Stoffen, auch für Stoffapplikationen, die nicht gewaschen werden müssen, wasserlöslich vor Trocknung. Planatol 945 eignet sich für das Kleben auf glatten Flächen. Beide Kleber trocknen transparent auf. Vorteilhaft, aber nicht unbedingt notwendig, ist ein Pressen der Lagen. Nicht geeignet für Maschinenwäsche.

Embellishen (Punchen)

Elektrische Filzmaschine mit einem runden Nadelkopf. Die mit kleinen Widerhäkchen versehenen Filznadeln (z. B. 11 Stück) können entweder einzeln eingeschraubt oder entfernt werden oder man muss den ganzen Nadelkopf austauschen. Die Filznadeln haben einen Fingerschutz, das Arbeiten mit der Maschine ist ungefährlich. Besonders geeignet für Walkfilze als Untergründe, aber auch verwendbar für verschiedene Stoffe. Die Nadelspitzen können hier allerdings ggf. leichter abbrechen. Es werden im Allgemeinen flauschige Garne, Wollfasern oder Vorfilze wie auch (flauschige) Stoffstücke auf das Grundmaterial genadelt. Alternativ mit der Trockenfilznadel arbeiten!

Filzwolle und Vorfilz

Filzwolle wird in der Regel durch Schur von geeigneten Tieren wie Gotland-, Merino- u. a. Schafen gewonnen. Käuflich mit bereits parallelisierten Fasern im Vlies oder im Band oder als Vorfilz, der bereits locker maschinell vernadelt wurde, aber noch filzfähig ist. Angebot in Naturfarbtönen oder synthetisch gefärbt. Filzwolle lässt sich ungefilzt verwenden, aber auch von Hand oder mit der Punchmaschine trocken vernadeln oder mit Seife und heißem Wasser nass filzen. Das Verfilzen lässt sich nicht rückgängig machen.

Fimo, Plastiform

Plastische, formbare Massen, Anwendung lt. Herstellerangaben. Dauerhafte Härtung nach Trocknung, bei Fimo durch zusätzliches Erhitzen im Backofen.

Kapa-Platte

Kaschierte Sandwichplatte mit Schaumkern. Dieser wird bei Kapa-Platten nur aus lösungsmittelresistentem Polyurethan-Schaum hergestellt, sonst würde er sich bei Kontakt mit lösungsmittelhaltigen Klebstoffen oder Druckfarben auflösen (vgl. Billigprodukte). Kapa-Platten bleiben plan, weil sie „inline" gefertigt sind (Schaum wird zwischen die beiden Deckschichten geschäumt). Auch wasserabweisende Platten für den kurzfristigen Außeneinsatz oder Platten mit erhöhter Biegesteifigkeit sind erhältlich. Für die Platten gibt es auch Kantenschutz- und Verbindungsprofile sowie Metallaufhänger.

Modellierfilz (Modelliervlies)

Gesteiftes, synthetisches, relativ neu entwickeltes Vlies, das sich gut für das Anbringen von Klettverschlussband eignet. Wird das Vlies angefeuchtet, lässt es sich modellieren und verbleibt nach Trocknung in diesem Zustand.

Plaka(t)farbe, Wand- oder Abtönfarbe

Wird in der Regel unverdünnt aufgetragen, vor Trocknung auswaschbar, nach Trocknung wasserfest; geeignet für nicht-textile Untergründe. Plakafarbe ist nach Trocknung leicht glänzend, Wandfarbe matt.

Plusterstifte (3-D-Effekte, Magic-Pen)

Pastoser Auftrag aus der Tube. Locker aufgetragen, ergeben sich reliefhafte 3-D-Effekte. Nach dem Malen einige Tage gut durchtrocknen lassen. Dauerhafte Fixierung durch Föhnen und Einbügeln von der Rückseite. Waschen bei 30 bis 50 Grad Celsius, Stoff auf die Rückseite wenden.

Schikarex, Chicara, Icarex PC 31

Diese Gewebe haben hervorragende Flugeigenschaften und werden daher als Spinnaker für den Drachenbau, für Fall- und Gleitschirme, Schwungtücher, Surf- und Segelteile verwendet. Das vollsynthetische Gewebe, genannt Schikarex, ist 42 g/m² leicht und beidseitig beschichtet. Das verwandte Gewebe Ikarex aus Polyester-Spinnaker ist nur 31 g/m² leicht. Beide Tuchstoffe haben eine Bahnbreite von ca. 145 cm und werden gerne in meterweisen Abschnitten verkauft. Sie sind wind- und wasserundurchlässig und beständig gegen Verrottung. Beim Bewegen, Schwingen oder im Wind raschelt der Stoff, was Kindern Spaß macht. Reste sollte man für sinnvolle Kleinarbeiten wie wetterfeste Hüllen verwenden. Alternativ Tyvek verwenden.

Seidenmalfarben

Flüssige, lasierende und stark verdünnbare Farben zum Einbügeln, für Dampffixierung, Mikrowelle, lufttrocknend oder durch Fixiermittelzugabe, je nach Herstellerangabe.

Sekundenkleber

Für kleine Flächen, trocknet sehr schnell, mit Schutzhandschuhen auftragen!

Stickvlies, feste Vlieseline

Festeres, nicht aufbügelbares Vlies als Unterlage (linke Stoffseite) für Stickereien und Applikationen. Vlies unter den Grundstoff stecken, damit sich dieser beim Applizieren oder Besticken nicht verzieht. Es gibt abreißbare und nicht abreißbare Vliese, mit oder ohne aufgedruckte Linien zur Orientierung.

Stoff- und Lederkleber

In der Regel in kleineren Tuben, speziell für Stoffe und ggf. Leder; riecht etwas. Meist nicht wasserlöslich.

Stoffmalfarben

Erhältlich als pastose Farben für helle oder dunkle Stoffe, mit Wasser verdünnbar. Durch Überlagerung mischen sich die Töne. Fixierung in der Regel nach Trocknung durch Einbügeln auf der Rückseite mit Baumwollstufe, durch Lufttrocknung oder andere Fixiermethoden gemäß Herstellerangaben.

Stoffmalstifte

Erhältlich in vielen Farben. Handhabung vergleichbar einem Filzstift. Geeignet nur für lineare Effekte und Umrisse. Fixierung durch Einbügeln auf der Rückseite oder Lufttrocknung, vgl. Herstellerangaben.

Vliesofix

Beidseitig aufbügelbares, synthetisches Haftvlies mit Papierschicht zum Abziehen nach dem ersten Aufbügeln (s. a. unter „Nähtechniken"). Die Stoffkanten sollen zusätzlich mit dichtem Zickzackstich überdeckt werden, um sie vor Ausfransen zu schützen.

Volumenvlies

Erhältlich als Meterware oder in verpackten Einheiten in verschiedenen Stärken, nicht aufbügelbar oder mit einseitiger körniger Bügelschicht. Es wird in der Regel zwischen 2 Stofflagen eingenäht und dient zum plastischen Füllen einer Fläche. Zusätzliche von der Stoffoberseite her ausgeführte Quiltstiche sind möglich. Sie ergeben reliefhafte Effekte.

Walkfilz

Von Hand oder maschinell erzeugter, fester Filz, i. d. R. aus Wolle. Nach dem Filzen werden die Fasern durch Walken unter Reibung und Druck verfestigt. Dieser Vorgang lässt sich nicht rückgängig machen.

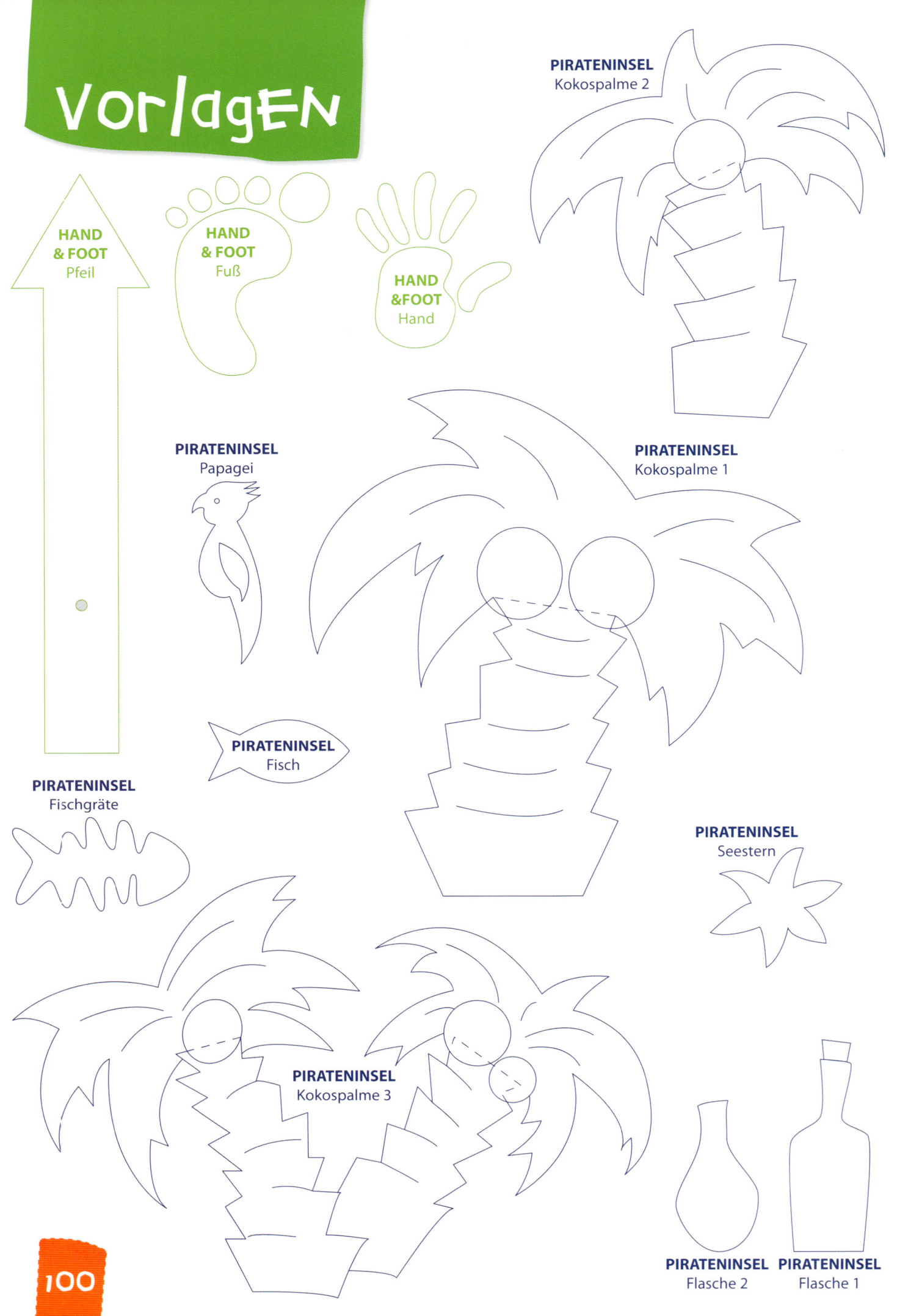

VORLAGEN

HAND & FOOT
Pfeil

HAND & FOOT
Fuß

HAND & FOOT
Hand

PIRATENINSEL
Kokospalme 2

PIRATENINSEL
Papagei

PIRATENINSEL
Kokospalme 1

PIRATENINSEL
Fisch

PIRATENINSEL
Fischgräte

PIRATENINSEL
Seestern

PIRATENINSEL
Kokospalme 3

PIRATENINSEL
Flasche 2

PIRATENINSEL
Flasche 1

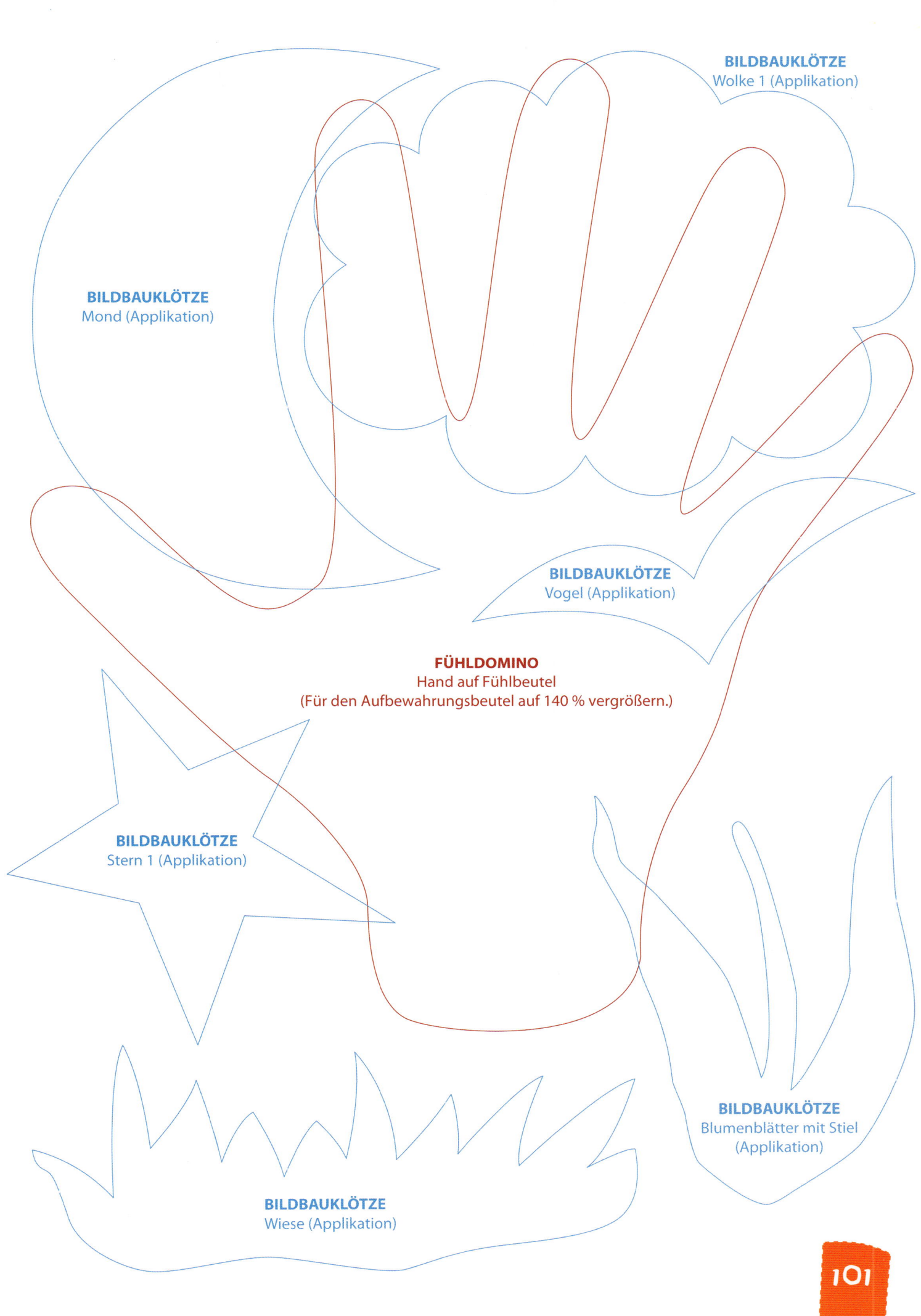

BILDBAUKLÖTZE
Wolke 1 (Applikation)

BILDBAUKLÖTZE
Mond (Applikation)

BILDBAUKLÖTZE
Vogel (Applikation)

FÜHLDOMINO
Hand auf Fühlbeutel
(Für den Aufbewahrungsbeutel auf 140 % vergrößern.)

BILDBAUKLÖTZE
Stern 1 (Applikation)

BILDBAUKLÖTZE
Blumenblätter mit Stiel
(Applikation)

BILDBAUKLÖTZE
Wiese (Applikation)

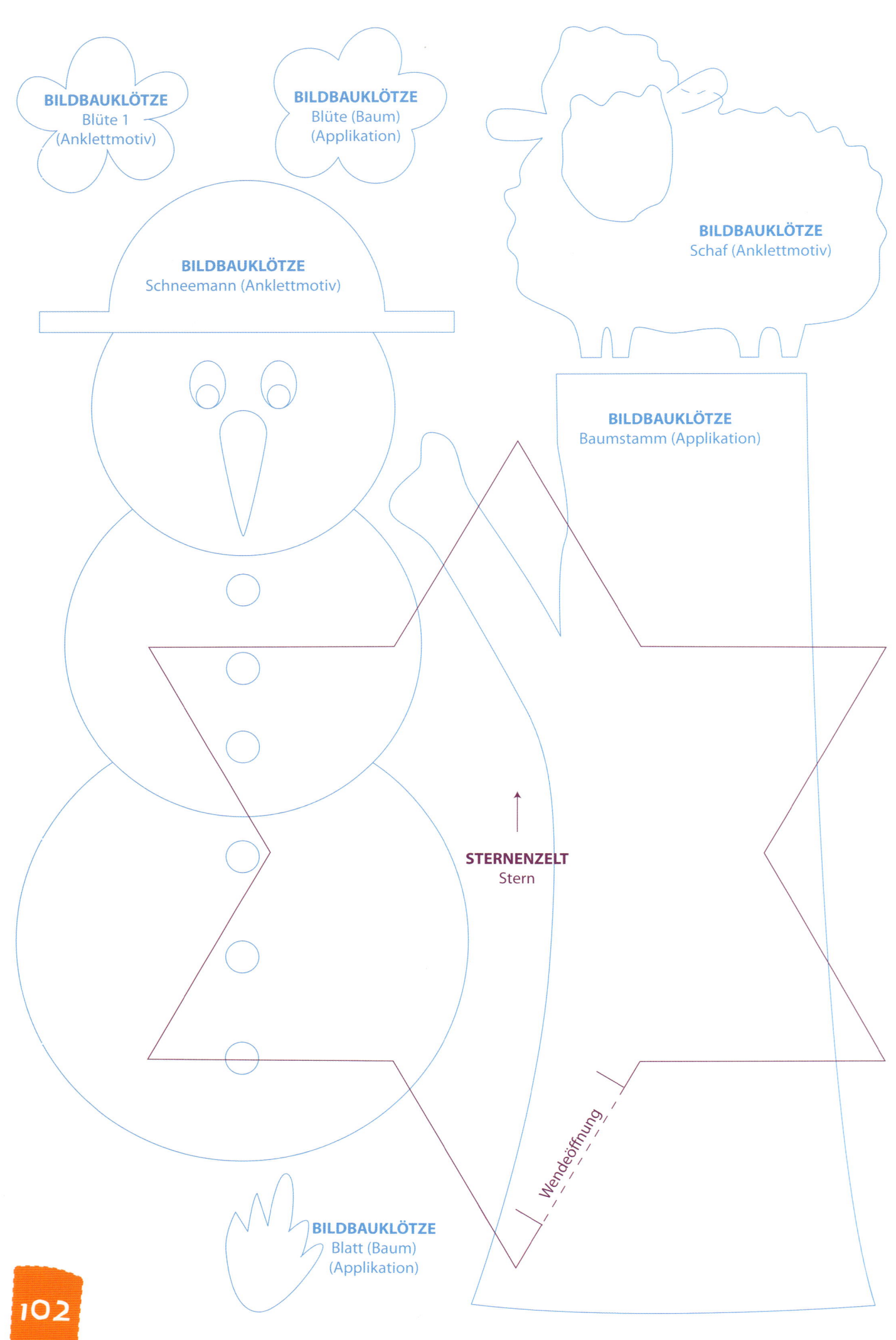

BILDBAUKLÖTZE
Blüte 1
(Anklettmotiv)

BILDBAUKLÖTZE
Blüte (Baum)
(Applikation)

BILDBAUKLÖTZE
Schaf (Anklettmotiv)

BILDBAUKLÖTZE
Schneemann (Anklettmotiv)

BILDBAUKLÖTZE
Baumstamm (Applikation)

STERNENZELT
Stern

Wendeöffnung

BILDBAUKLÖTZE
Blatt (Baum)
(Applikation)

102

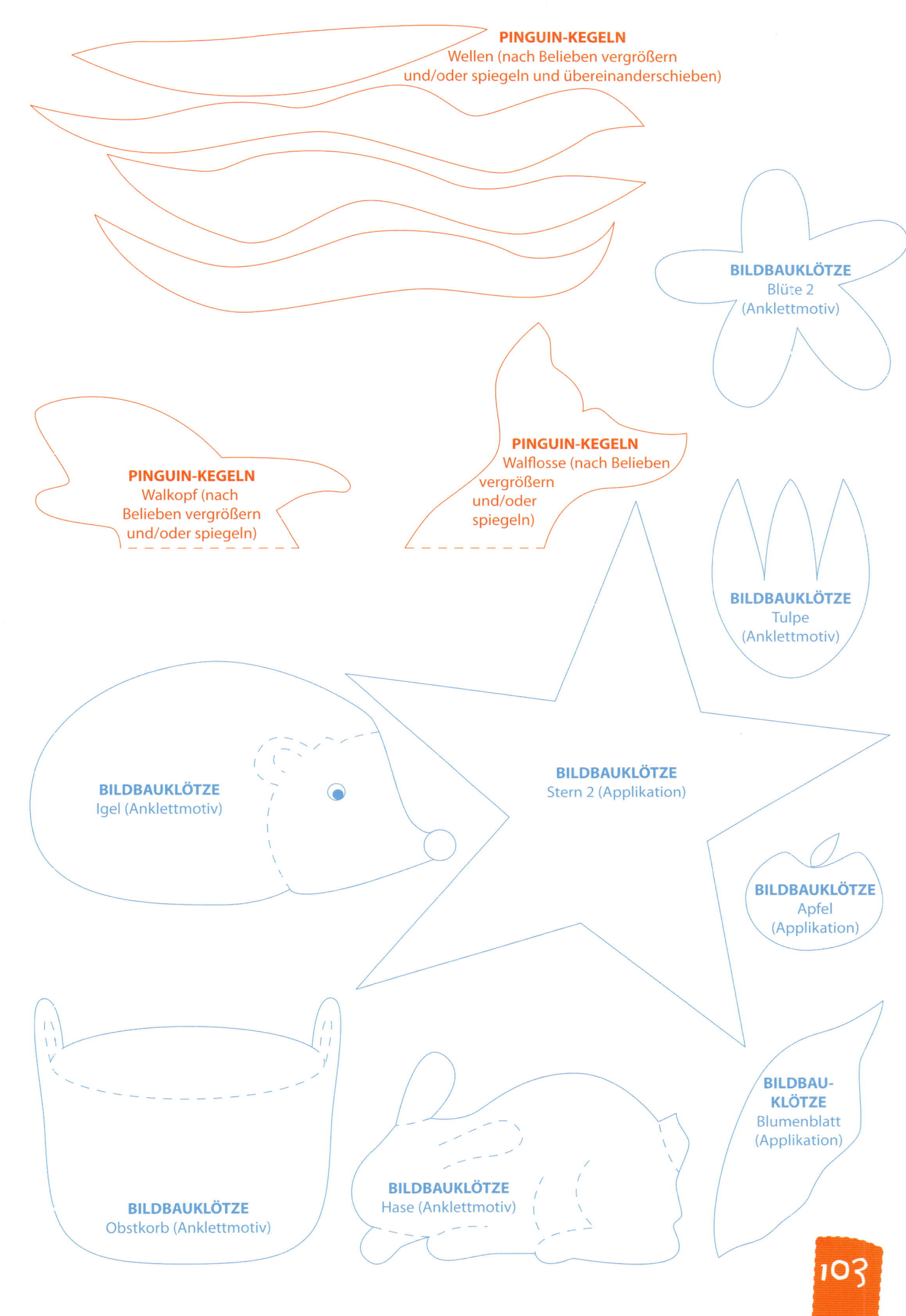

PINGUIN-KEGELN
Wellen (nach Belieben vergrößern
und/oder spiegeln und übereinanderschieben)

BILDBAUKLÖTZE
Blüte 2
(Anklettmotiv)

PINGUIN-KEGELN
Walkopf (nach
Belieben vergrößern
und/oder spiegeln)

PINGUIN-KEGELN
Walflosse (nach Belieben
vergrößern
und/oder
spiegeln)

BILDBAUKLÖTZE
Tulpe
(Anklettmotiv)

BILDBAUKLÖTZE
Igel (Anklettmotiv)

BILDBAUKLÖTZE
Stern 2 (Applikation)

BILDBAUKLÖTZE
Apfel
(Applikation)

**BILDBAU-
KLÖTZE**
Blumenblatt
(Applikation)

BILDBAUKLÖTZE
Obstkorb (Anklettmotiv)

BILDBAUKLÖTZE
Hase (Anklettmotiv)

103

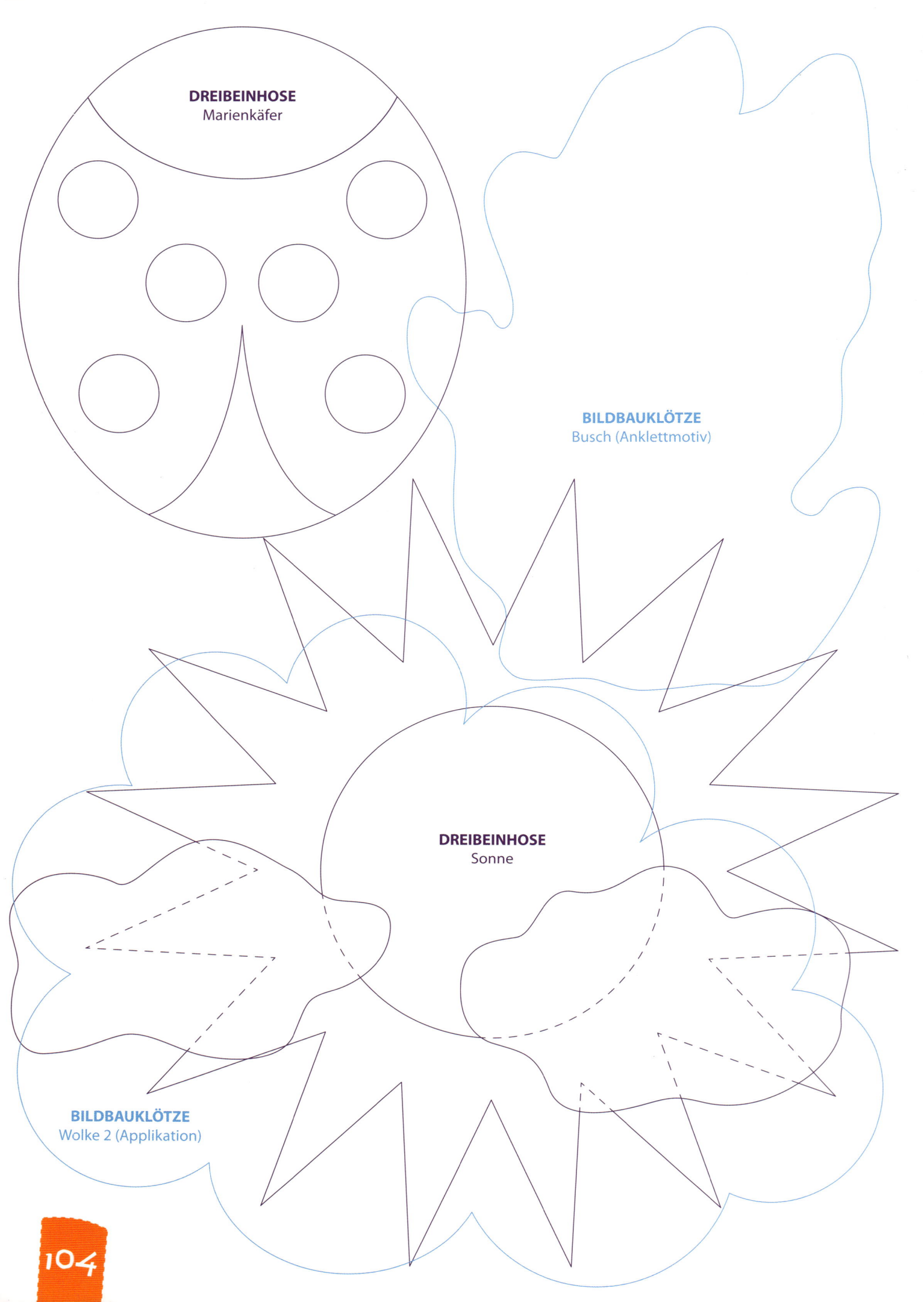

DREIBEINHOSE
Marienkäfer

BILDBAUKLÖTZE
Busch (Anklettmotiv)

DREIBEINHOSE
Sonne

BILDBAUKLÖTZE
Wolke 2 (Applikation)

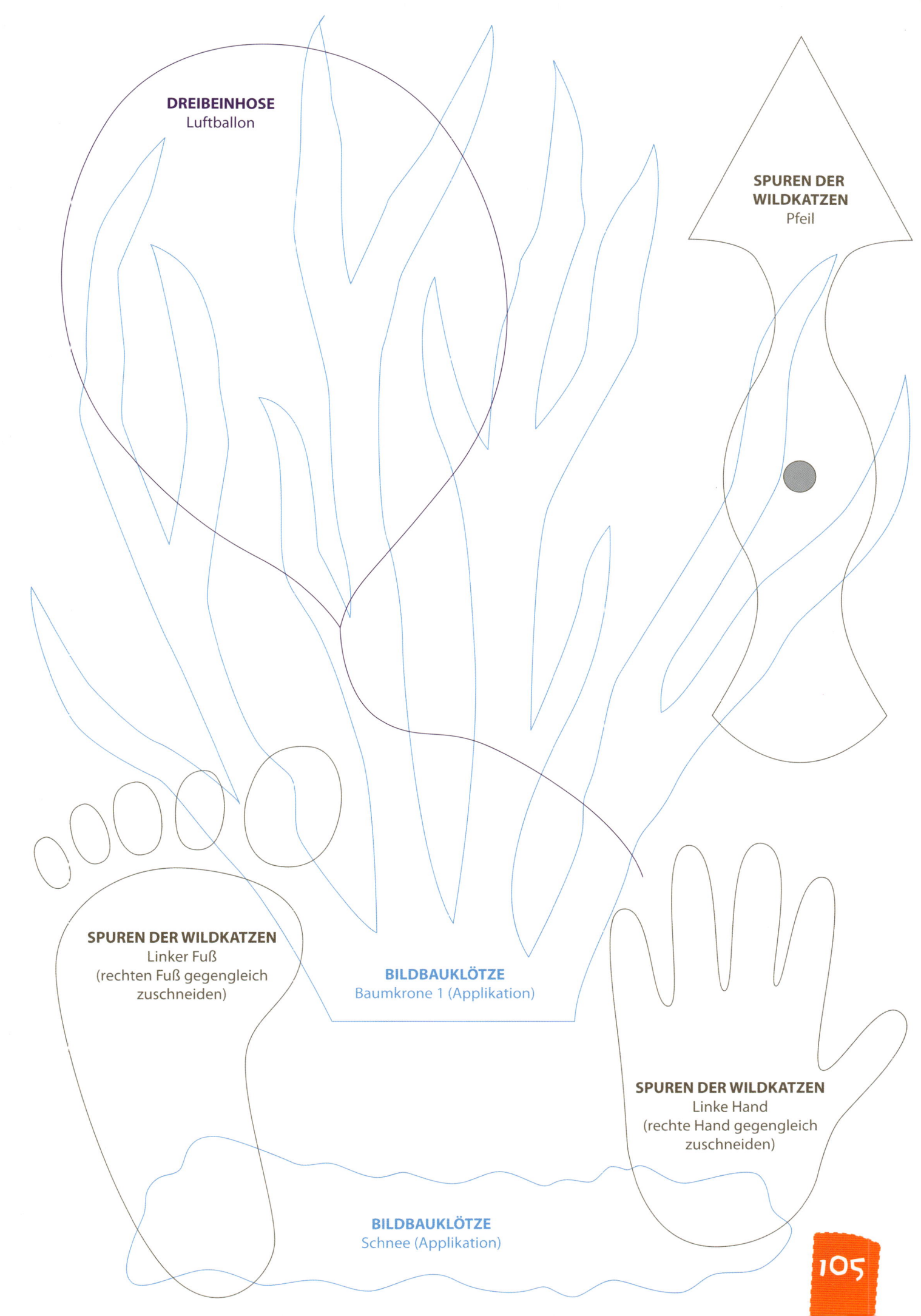

DREIBEINHOSE
Luftballon

SPUREN DER WILDKATZEN
Pfeil

SPUREN DER WILDKATZEN
Linker Fuß
(rechten Fuß gegengleich
zuschneiden)

BILDBAUKLÖTZE
Baumkrone 1 (Applikation)

SPUREN DER WILDKATZEN
Linke Hand
(rechte Hand gegengleich
zuschneiden)

BILDBAUKLÖTZE
Schnee (Applikation)

105

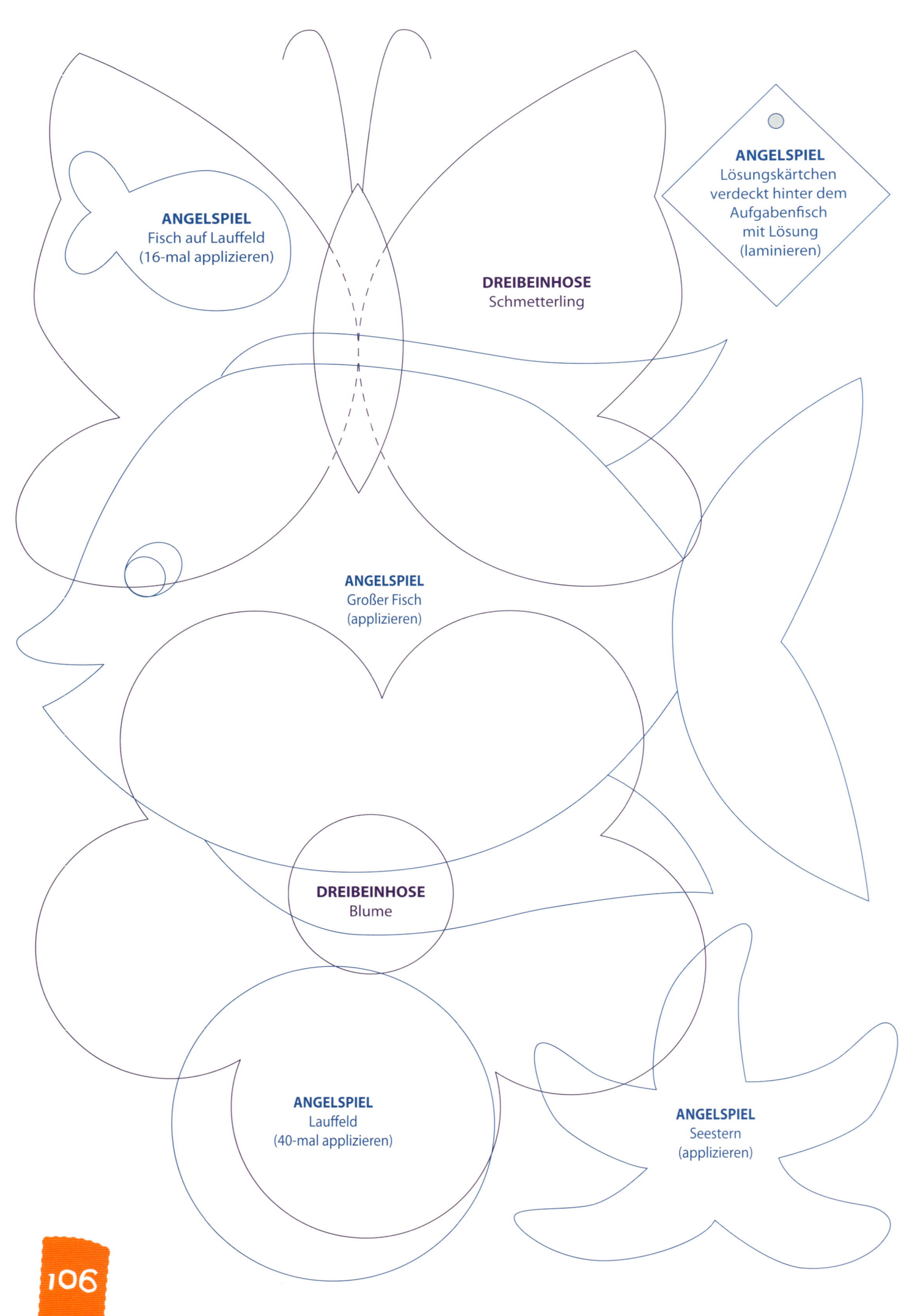

ANGELSPIEL
Fisch auf Lauffeld
(16-mal applizieren)

ANGELSPIEL
Lösungskärtchen
verdeckt hinter dem
Aufgabenfisch
mit Lösung
(laminieren)

DREIBEINHOSE
Schmetterling

ANGELSPIEL
Großer Fisch
(applizieren)

DREIBEINHOSE
Blume

ANGELSPIEL
Lauffeld
(40-mal applizieren)

ANGELSPIEL
Seestern
(applizieren)

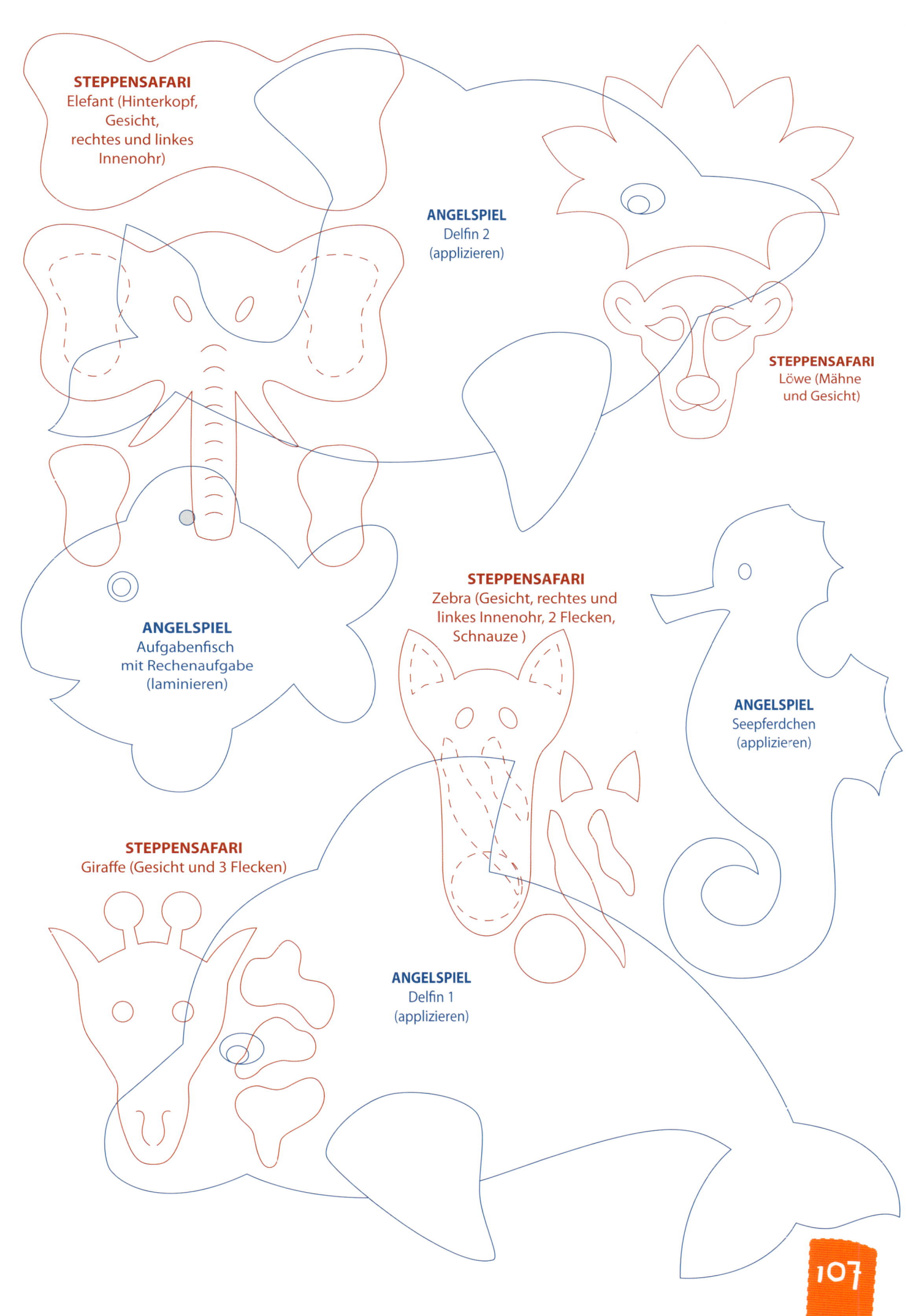

STEPPENSAFARI
Elefant (Hinterkopf,
Gesicht,
rechtes und linkes
Innenohr)

ANGELSPIEL
Delfin 2
(applizieren)

STEPPENSAFARI
Löwe (Mähne
und Gesicht)

ANGELSPIEL
Aufgabenfisch
mit Rechenaufgabe
(laminieren)

STEPPENSAFARI
Zebra (Gesicht, rechtes und
linkes Innenohr, 2 Flecken,
Schnauze)

ANGELSPIEL
Seepferdchen
(applizieren)

STEPPENSAFARI
Giraffe (Gesicht und 3 Flecken)

ANGELSPIEL
Delfin 1
(applizieren)

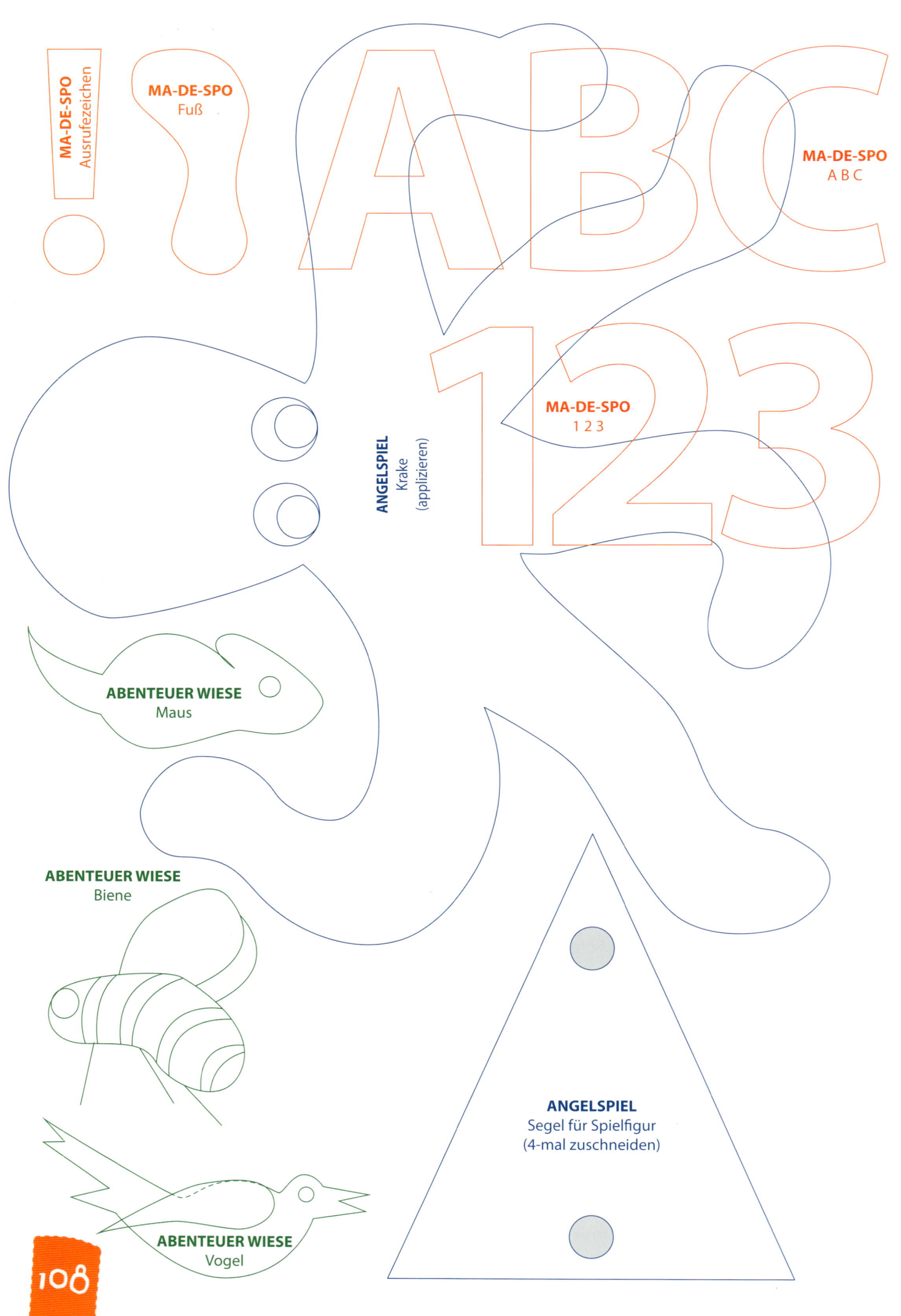

MA-DE-SPO
Ausrufezeichen

MA-DE-SPO
Fuß

MA-DE-SPO
A B C

MA-DE-SPO
1 2 3

ANGELSPIEL
Krake
(applizieren)

ABENTEUER WIESE
Maus

ABENTEUER WIESE
Biene

ANGELSPIEL
Segel für Spielfigur
(4-mal zuschneiden)

ABENTEUER WIESE
Vogel

108

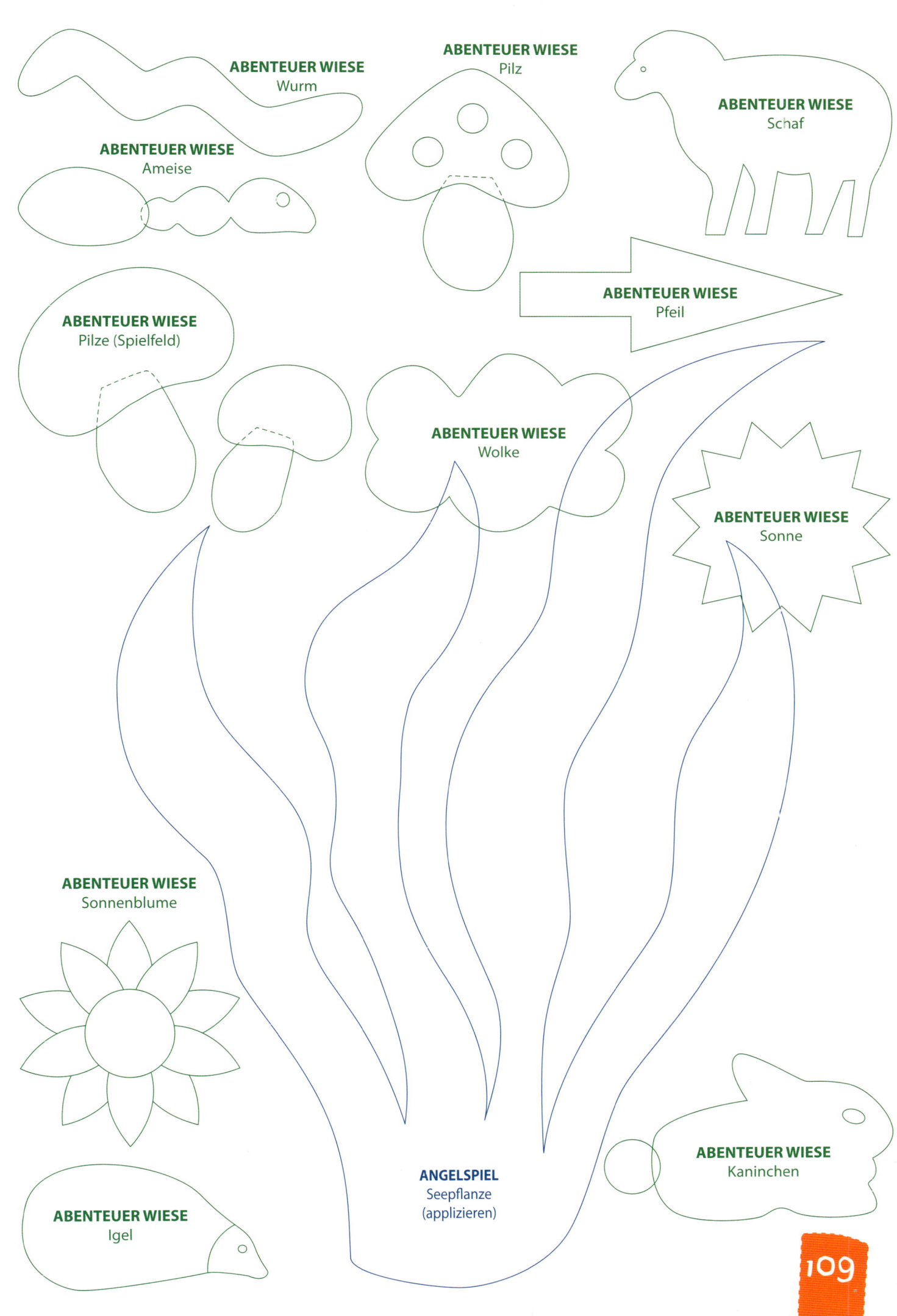

ABENTEUER WIESE
Wurm

ABENTEUER WIESE
Pilz

ABENTEUER WIESE
Schaf

ABENTEUER WIESE
Ameise

ABENTEUER WIESE
Pilze (Spielfeld)

ABENTEUER WIESE
Pfeil

ABENTEUER WIESE
Wolke

ABENTEUER WIESE
Sonne

ABENTEUER WIESE
Sonnenblume

ABENTEUER WIESE
Igel

ANGELSPIEL
Seepflanze
(applizieren)

ABENTEUER WIESE
Kaninchen

109

Impressum

Autorinnen: Anina Bäumle, Tanja Besemer, Sarah Bing, Johanna Godolt, Lilien Harler, Katharina Heizmann, Myriam Hoffmann, Lisa Panter, Carolin Peter, Linda Schäfer, Salome Schlifke, Nadine Seesemann, Frauke Steinbrecher, Sarah Tröller, Linda Vökt, Christina Wittenauer, Kristina Woda, Anja Zimmermann

Herausgeberinnen: Prof. Dr. Anne-Marie Grundmeier, Eve Zeyher-Plötz

Fotos und Schriftleitung: Eve Zeyher-Plötz

Schema- und Vorlagenzeichnungen: Claudia Schmidt

Lektorat: Claudia Schmidt

Redaktion: Katrin Hagerty

Layoutentwurf und Satz: GrafikwerkFreiburg

Reproduktion: Meyle + Müller GmbH & Co KG, Pforzheim

Druck: Bilnet Printing, Istanbul

www.christophorus-verlag.de

ISBN 978-3-8411-0106-8
Art.-Nr. VB110106

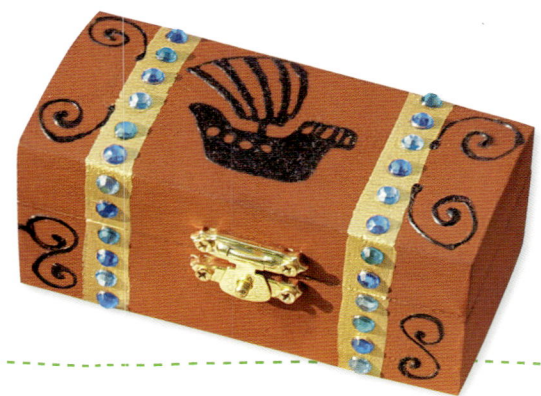